YU-GI-OH

32

Yu-Gi-Oh!

Kazuki TAKAHASHI

高橋和希

kana

PRÉSENTATION DES PERSONNAGES et RÉSUMÉ DES ÉPISODES PRÉCÉDENTS

Un lycéen, mais aussi patron de la Kaiba Corporation. Il perd contre Yûgi pendant le Battle City... Mais son destin est lié à celui de Yûgi. Il restera son plus grand rival !!

KAIBA SETO

Les démonstrations de bravoure ont fait de lui un duelliste accompli. Il est lié à Yûgi par une grande amitié sans faille.

JÔNO-UCHI KATSUYA

Lorsque les trois cartes de dieu auront rejoint leur emplacement dans la stèle de pierre antique... Le double de Yûgi pourra ouvrir la porte de la vérité !!

MUTÔ YÛGI

Yûgi possède des pouvoirs spéciaux depuis le jour où il a réussi à monter le puzzle millénaire offert par son grand-père... Il poussera la porte des ténèbres qui lui fera rencontrer son double !
La Kaiba Corporation organise le Battle City dans la ville de Domino !! Yûgi y participe dans l'espoir de saisir des indices qui l'aideront à retrouver la mémoire disparue de son double. Après de longs et cruels combats, il parviendra à gagner le tournoi et les trois fameuses cartes de dieu. Le soldat géant de l'Obélisque, le dragon volant d'Osiris et le dragon ailé du dieu soleil Râ. Le double de Yûgi se rapproche enfin de la vérité... Le tournoi terminé, Yûgi récupérera deux autres objets millénaires (le torque et la hache), deux indices supplémentaires annonçant le lointain voyage qu'il va faire en compagnie de ses amis.

YU-GI-OH !

Yu-Gi-Oh!

Volume 32

Sommaire

LA VALLÉE DES ROIS EN ÉGYPTE DANS LES ANNÉES 60

Battle 279 LE TRÉSOR MILLÉNAIRE !!

Battle 279
LE TRÉSOR MILLÉNAIRE !!

LES EXPÉDITIONS DES ÉGYPTOLOGUES ONT ÉGALEMENT ÉCHOUÉ.
MÊME LES PILLARDS QUI S'Y SONT HASARDÉS PENDANT CES 3000 DERNIÈRES ANNÉES...
... MAIS LA RUMEUR DIT QUE NUL N'A ENCORE RÉUSSI À ATTEINDRE LA TOMBE ROYALE !
ON A DÉCOUVERT PLUS DE 60 TOMBES DANS CETTE VALLÉE...
LA VALLÉE DES ROIS
ELLE SE TROUVE À L'OUEST DE LOUXOR. CE SANCTUAIRE DE L'ÉGYPTE ANTIQUE ÉTAIT CELUI DES PHARAONS.
La Vallée des Rois
Louxor
VOILÀ...
"LE JEU DES TÉNÈBRES"...
LE SURVIVANT D'UNE EXPÉDITION ANGLAISE A DIT CECI AVANT DE MOURIR...
LE JEU DES TÉNÈBRES...
NOUS VOUS GUIDERONS JUSQU'À L'ENTRÉE DE LA TOMBE... MAIS ENSUITE, MÊME SI VOUS DEVEZ MOURIR, VOUS DEVREZ NOUS PROTÉGER ET NOUS CONDUIRE JUSQU'AU TRÉSOR...
NOUS NE SOMMES PAS DES INCONSCIENTS, NOUS TENONS À NOS VIES...
MAIS ÉCOUTEZ-MOI BIEN...!
CELUI QUI RÉUSSIT À GAGNER POURRA ACCÉDER À L'OR DU TRÉSOR ROYAL...

OUAIS... J'AI COMPRIS.
JE NE SUIS PAS INTÉRESSÉ PAR LE TRÉSOR...
...
NOUS ALLONS ATTENDRE QU'IL FASSE NUIT...
LES PILLARDS DE TOMBES N'AGISSENT QUE LA NUIT, C'EST UNE TRADITION ...
IL EST L'HEURE...?
OUI...
DITES-MOI, PATRON, VOUS ÊTES CURIEUSEMENT HABILLÉ...
UN PILLARD DE TOMBES EN COSTUME DE JOUEUR ...
ÇA NE ME REGARDE PAS, MAIS ÇA NE VA PAS ENSEMBLE.
LE JEU EST MA PASSION ...
... LES CARTES, LES ÉCHECS ...
... DU JEU CLANDESTIN, EN PASSANT PAR LES BATEAUX-CASINOS...
C'EST MA FAÇON DE FAIRE... MOI, J'AI DU RESPECT POUR MES ADVERSAIRES !!!

MAIS SI UN JOUR, JE DOIS PERDRE AU JEU...
... JE VEUX BIEN FAIRE UN SACRIFICE ET ME DÉGUISER EN PORTANT UN JEAN OU AUTRE CHOSE...
POUR CE QUI EST DE CETTE NUIT, IL NE SUFFIRA PAS DE SE DÉGUISER...
VOUS VERREZ... TÂCHEZ DE NE PAS FINIR EN MOMIE !!!
ALLEZ, ON Y VA...
JUSQU'À CE JOUR, J'AI PARCOURU LE MONDE ENTIER ET VAINCU TOUS MES ADVERSAIRES...
MAIS IL RESTE UNE LÉGENDE INVAINCUE DANS L'UNIVERS DU JEU.
CELLE D'UN JEU QUI SE TROUVE DANS LE TOMBEAU ROYAL... LE JEU LE PLUS DANGEREUX DE LA TERRE... CELUI QUI PERCE CE MYSTÈRE SE VERRA COURONNÉ DE LA GLOIRE ÉTERNELLE.
UN JEU QUI RESTE ENCORE INVAINCU !! UN CHALLENGE POUR LA GLOIRE !!

ZdOM
NOUS Y SOMMES !!!
MISTER MUTÔ...
VOUS ALLEZ OUVRIR LE CHEMIN...
BIEN !
CE PASSAGE SE PROLONGE SUR 30 M...
IL NE POSE VISIBLEMENT PAS DE PROBLÈME...
L'ENTRÉE...
IL Y A UN TEXTE D'AVERTISSEMENT EN HIÉROGLYPHES...
CELUI QUI S'AVENTURE AU-DELÀ...
... VIOLERA LE SOMMEIL DIVIN...
... DU GRAND PHARAON...
... ET SUBIRA LE CHÂTIMENT DE DIEU.
SON CORPS DÉCHIQUETÉ...
... SON ÂME ENVOYÉE DANS LES TÉNÈBRES...

EH ! VOUS SAVEZ DÉCRYPTER LE LANGAGE DES ANCIENS ...?
PEUT-ÊTRE... J'EN SUIS LE PREMIER ÉTONNÉ...!
!!
MAIS?!
DOM
UN AMAS DE CADAVRES... CEUX DES PILLARDS...
LES RESTES DES JOUEURS QUI ONT PERDU...

ET VOICI LE PREMIER OBSTACLE ...
ON DIRAIT UN ESPACE DE JEU !
HYiii...
C'EST ICi QU'iLS MEURENT TOUS...
iL EST TOUJOURS TEMPS DE REVENIR SUR NOS PAS !
LA FERME ! iL EST TROP TARD POUR REBROUSSER CHEMIN...
FRANGIN !!
... ÉCOUTE-MOI BIEN ! NOUS N'ALLONS PAS PRENDRE DE RISQUE !!!
QUAND IL AURA GAGNE, NOUS NOUS EMPARERONS DU TRÉSOR !!!
...
FUH...
iL NE FAUT PAS S'iNQUIÉTER...
J'AI TOUT PRÉVU ...
GLOUPS
AH ... OUi !!!

RÉFLÉCHIS BIEN ! AVANCER NE FERA QUE ME CONDUIRE À UNE MORT CERTAINE ...
GROOOOOOOSH
DÉPÊCHE-TOI !!!
KRAC
HEIN... ?
WAW !
C'EST QUOI ?!
LA PORTE EST CONDAMNÉE !!
GROo
HYII... !!
EH, VITE IL FAUT AVANCER !!!!
LES MURS AVEC DES POINTES AVANCENT SUR NOUS !!
GROo
GROo
UWAAAAW !

DASh
NOUS N'AVONS PLUS LE CHOIX !!!
!!
GROO
DES STATUES NOUS BOUCHENT LE CHEMIN !!!!
!!
VLOUUN
URKS !!
GROO GROO GROO
CES STATUES SONT ARMÉES ET ELLES NOUS ATTAQUENT !!!!
ON VA SE FAIRE TUER ...!!
QUE FAIRE ...?!

VLUUN
VLUUN
IL EST IMPOSSIBLE DE SE FRAYER UN PASSAGE À TRAVERS TOUTES CES STATUES !!
VLUUN
VLUUN
URGS...
VITE, FAIS QUELQUE CHOSE !!!
ILS ARRIVENT AUSSI PAR DERRIÈRE !!!
JE DOIS RÉFLE-CHIR !!!!
PTAP
UHM ...?!
LA STATUE S'EST ARRÊTÉE DE BOUGER À L'INSTANT ...
!!
EST-CE QUE ...?!
GROO
C'EST BIEN ÇA !!
GROO
GROO

DANS L'EGYPTE ANTIQUE, LE ROI REPRESENTE UNE DIVINITE !!!!
LES STATUES QUI LUI SONT DEDIEES ONT TOUJOURS LE PIED GAUCHE EN AVANT.
CE PIED GAUCHE EN AVANT SIGNIFIE QUE LES STATUES OFFRENT LEUR COEUR EN SIGNE D'ULTIME DEVOTION AU DIVIN !!
CELUI QUI MARCHE NE PENSE PAS À CE DETAIL !!!!
LE LIEU OÙ REPOSE LE ROI SYMBOLISE LE TERRITOIRE DIVIN. CEUX QUI Y PENETRENT DOIVENT FAIRE PREUVE D'HUMILITE !!
CE QUI VEUT DIRE QU'EN MARCHANT NORMALEMENT, ON FAIT PREUVE D'IRRESPECT ENVERS LE DIVIN !!
GROO
GROO
ECOUTEZ-MOI BIEN !! AVANCEZ EN METTANT LE PIED GAUCHE EN AVANT !!!
SI VOUS AVANCEZ LE PIED DROIT, LES STATUES VONT VOUS ATTAQUER !!!!
LE PIED GAUCHE ?!
C'EST IMPOSSIBLE DE MARCHER COMME ÇA !!

FAITES UN EFFORT !!!!
LE ROI DOIT CERTAINEMENT METTRE À L'ÉPREUVE CEUX QUI PÉNÈTRENT DANS SON TERRITOIRE !!!!
FAITES GAFFE !!!!
GROo GROo GROo
LE ROI APPARAIT SOUS L'ASPECT D'HORUS LE FAUCON.
IL SYMBOLISE CELUI QUI OUVRE LA VOIE !!!!
HYii!!!
JE N'Y ARRIVE PAS...
DASh
SPLORTCH
MUSHARA!!!
GTOK
GYAAAAA...

VLAF
GRR... MON FRÈRE EST MORT. C'EST DE TA FAUTE...
URK...
LAISSE TOMBER...
CECI EST LA RÈGLE DU JEU DES TÉNÈBRES...
GRR...
AVANCE LE PREMIER !!!!!!
LA DEUXIÈME CHAMBRE !
GLOUP...
EN-CORE UNE ÉPITA-PHE...

L'ESPRIT KÂ, PRÉSENT DANS CETTE INSCRIPTION, RÉSERVE SON CHÂTIMENT À CELUI QUI S'Y AVENTURE.
CELUI QUI LE CRAINT VERRA SON ÂME DÉVORÉE PAR UNE CRÉATURE.
IL MONTRE LA VOIE À CELUI QUI FAIT PREUVE DE COURAGE...
LE PASSAGE EST CLAIRSEME DE TABLETTES EN PIERRE...
UHM...
REGARDE ! LA LUMIÈRE !
LE TRÉSOR ROYAL SE TROUVE DANS CETTE PIÈCE !!
AVANCE!!!
TU VAS ME MONTRER OÙ MARCHER EN SÉCURITÉ !!!!
MÉFIE-TOI...
... JUSQU'AU BOUT ...!
OUI...
TU PARLES POUR TOI...

J'Y SUIS PRESQUE...
JE VAIS GAGNER AU JEU DES TÉNÈBRES ...!!
FUH...
ON DIRAIT QU'IL VA RÉUSSIR À TRAVERSER CETTE PASSERELLE SANS HISTOIRE...
... CE QUI VEUT DIRE QUE JE NE RISQUE RIEN.
JE N'AI DONC PLUS BESOIN DE LUI...
ADIEU...
PAN
UWARG...!!
TU VOULAIS TE TESTER AU JEU DES TÉNÈBRES...
TU AS EU CE QUE TU VOULAIS, TU PEUX MOURIR...

URK...
GRAP
ALORS, TOUJOURS PAS MORT ? BON, JE TE LAISSE ...
HE HE... À MOI LE TRÉSOR !!!
DONK
GRR...
UHM...
MAIS ...?!
GROo
GROo
GROo
GROo
MAIS QU'EST-CE QUI ...?!
GROo

GRAA
HYIII!!
HEIN!!
ZGROOOOOSH
UGYAAAA
PLORTCH
PLORTCH
PLORTCH

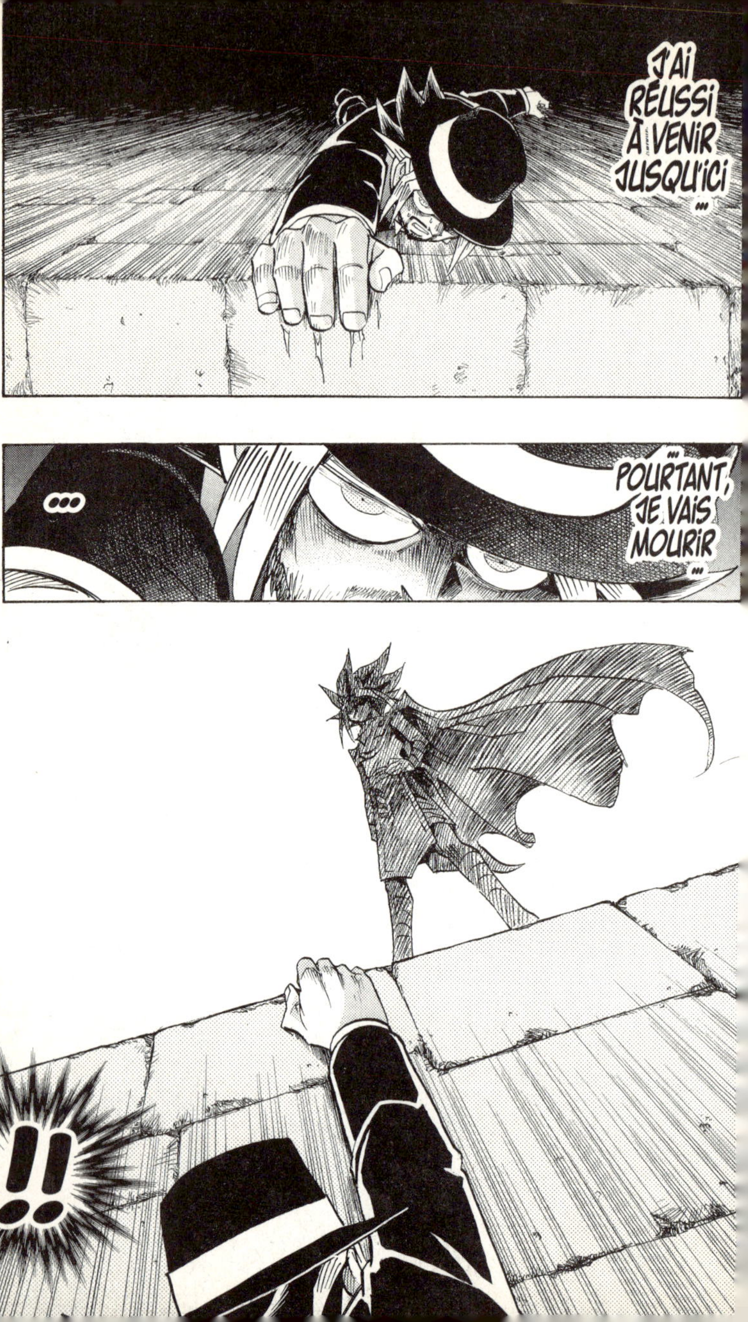
J'AI RÉUSSI À VENIR JUSQU'ICI ...
... POURTANT, JE VAIS MOURIR ...
...
!!

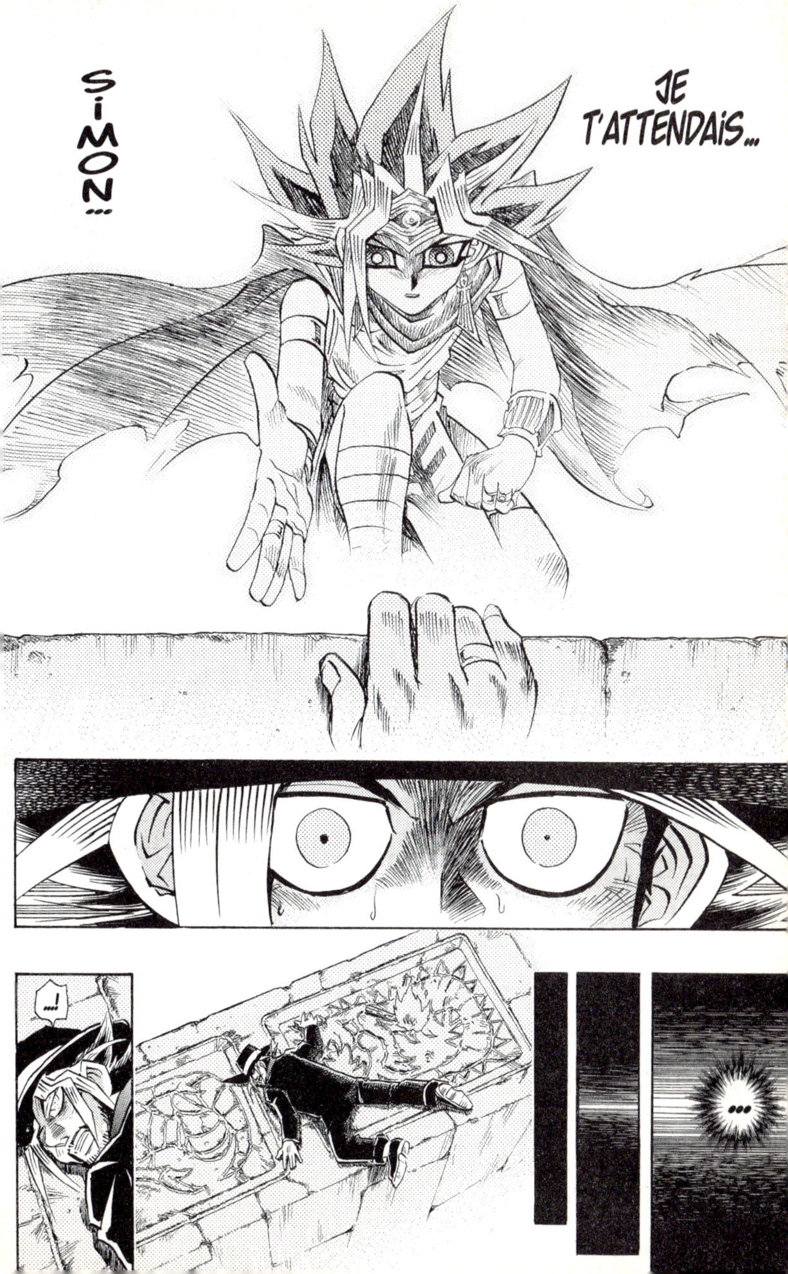
JE T'ATTENDAIS...
SIMON...
...
...!

!!
URH...
MAIS QUI EST-CE ?
LE PUZZLE MILLÉNAIRE...
LE PUZZLE EST AINSI ARRIVÉ CHEZ MOI.
C'EST AUSSI LE DÉBUT DE L'INCROYABLE DESTIN DE YÛGI...
EN FAIT...
... IL EST POSSIBLE QUE SON HISTOIRE AIT COMMENCÉ, IL Y A 3000 ANS...

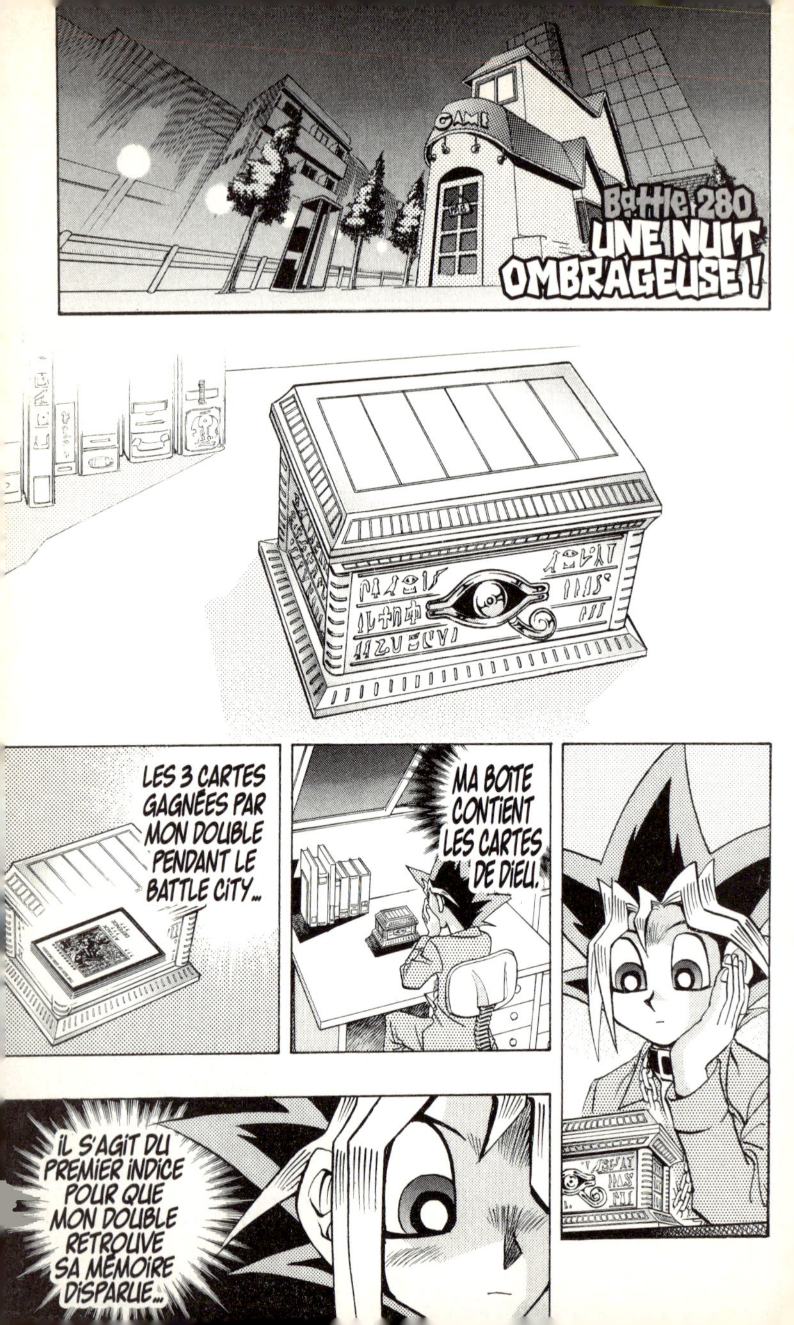
GAME
Battle 280
UNE NUIT OMBRAGEUSE !
MA BOITE CONTIENT LES CARTES DE DIEU.
LES 3 CARTES GAGNÉES PAR MON DOUBLE PENDANT LE BATTLE CITY...
IL S'AGIT DU PREMIER INDICE POUR QUE MON DOUBLE RETROUVE SA MÉMOIRE DISPARUE...

APRÈS LES COURS, JE VAIS ALLER AU MUSÉE AVEC JÔNO-UCHI ET LES AUTRES...
LE MUSÉE EXPOSE UNE TABLETTE EN PIERRE DÉCOUVERTE DANS UN TEMPLE ÉGYPTIEN...
JE NE L'AI ENCORE JAMAIS VUE...
MAIS ANZU DISAIT QUE L'IMAGE SCULPTÉE D'UN PHARAON Y EST REPRÉSENTÉE...
CETTE TABLETTE EN PIERRE COMPORTE DES INDICES IMPORTANTS POUR RETROUVER LA MÉMOIRE DE MON DOUBLE...
LES TROIS CARTES !!!!
LE MYSTÈRE DE CETTE TABLETTE...
LE VOYAGE À LA RECHERCHE DE LA MÉMOIRE DE MON DOUBLE VA COMMENCER !!!!

LE DRAGON VOLANT D'OSIRIS
Battle 280
UNE NUIT OMBRAGEUSE !

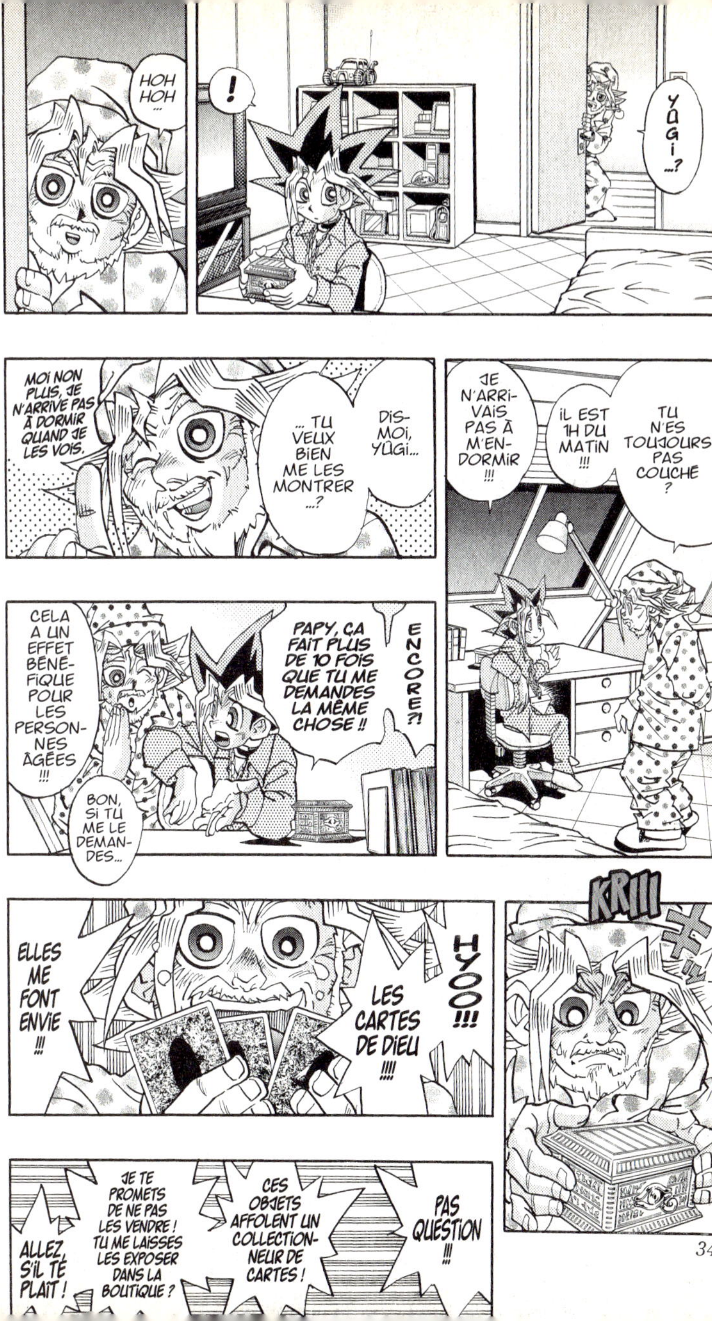
YÛGI ...?
!
HOH HOH ...
TU N'ES TOUJOURS PAS COUCHÉ ?
IL EST 1H DU MATIN !!!
JE N'ARRIVAIS PAS À M'ENDORMIR !!!
DIS-MOI, YÛGI...
... TU VEUX BIEN ME LES MONTRER ...?
MOI NON PLUS, JE N'ARRIVE PAS À DORMIR QUAND JE LES VOIS.
ENCORE ?!
PAPY, ÇA FAIT PLUS DE 10 FOIS QUE TU ME DEMANDES LA MÊME CHOSE !!
CELA A UN EFFET BÉNÉFIQUE POUR LES PERSONNES ÂGÉES !!!
BON, SI TU ME LE DEMANDES...
HYOOO !!!
LES CARTES DE DIEU !!!!
ELLES ME FONT ENVIE !!!
KRIII
PAS QUESTION !!!
CES OBJETS AFFOLENT UN COLLECTIONNEUR DE CARTES !
JE TE PROMETS DE NE PAS LES VENDRE ! TU ME LAISSES LES EXPOSER DANS LA BOUTIQUE ?
ALLEZ, S'IL TE PLAIT !

NON, JE T'AI DÉJÀ DIT QUE NON !!
AH BON...
PAPY, JE PENSE QUE TU N'ES PAS AU COURANT...
... MON DOUBLE A LUTTÉ DE TOUTES SES FORCES POUR GAGNER CES CARTES PENDANT LE BATTLE CITY !!
UHM...?
TON DOUBLE...?!
EUH...
NON, CE N'EST RIEN !!!
MINCE ! GRAND-PÈRE IGNORE L'EXISTENCE DE MON AUTRE MOI...
...
YUGI...
TU PARLES DE L'ÂME DU PHARAON... N'EST-CE PAS ?
HEIN ?!
PAPY, COMMENT SAIS-TU CELA ?!
...

YÛGI A RÉUSSI À CONSTRUIRE LE PUZZLE... IL HÉBERGE EN LUI L'ÂME DU PHARAON...
IL EST POSSIBLE QU'IL EXISTE UN TERRITOIRE INEXPLORÉ DANS LE LABYRINTHE DU TOMBEAU ROYAL.
YÛGI A RÉUSSI À MONTER LE PUZZLE... IL DEVRA ALORS FRANCHIR LES AUTRES ÉTAPES...
YÛGI...
!
CELUI QUI POSSÈDE LE PUZZLE MILLÉNAIRE ABRITE EN LUI L'ÂME DU PHARAON...
CE DERNIER DEVRA ALORS FRANCHIR DE NOMBREUSES ÉPREUVES...
!!

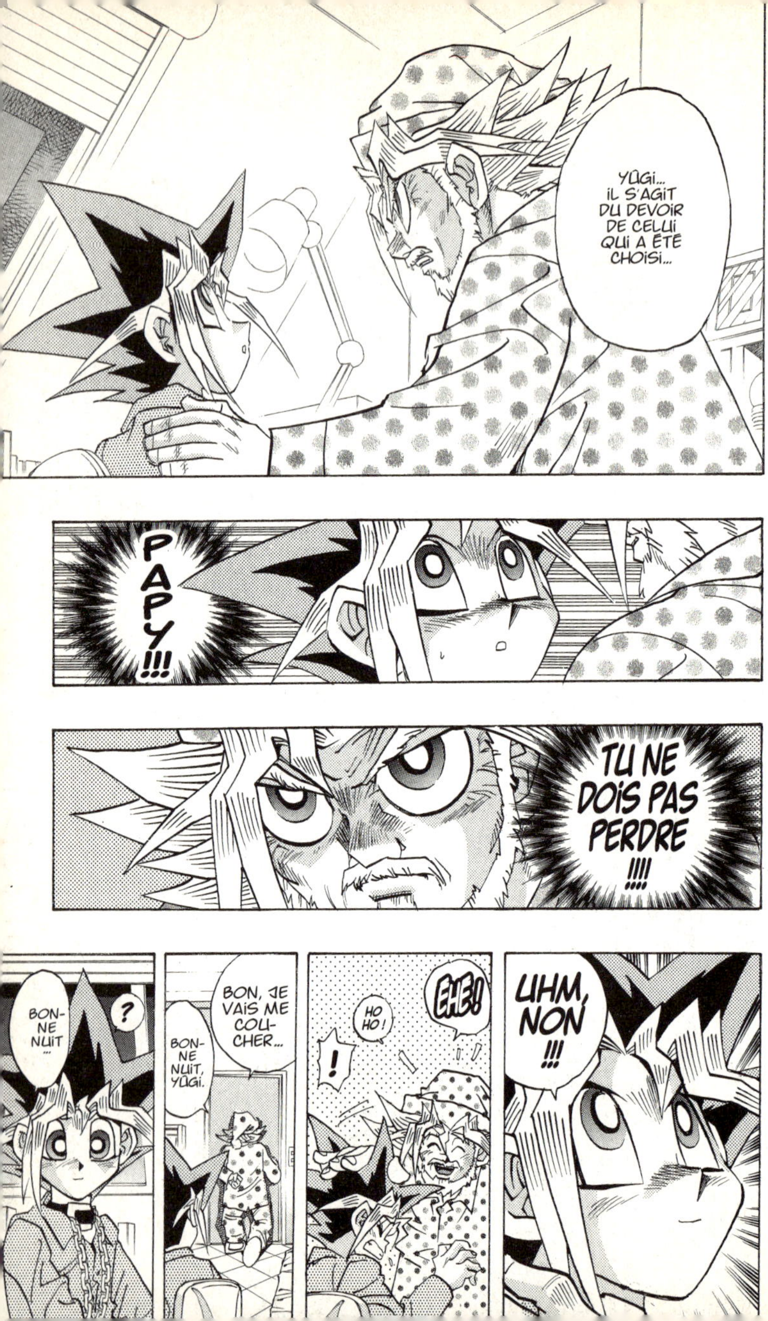

YÛGI... IL S'AGIT DU DEVOIR DE CELUI QUI A ÉTÉ CHOISI...
PAPY !!!
TU NE DOIS PAS PERDRE !!!!
UHM, NON !!!
EHE !
HO HO !
!
BON, JE VAIS ME COUCHER...
BONNE NUIT, YÛGI.
BONNE NUIT...
?

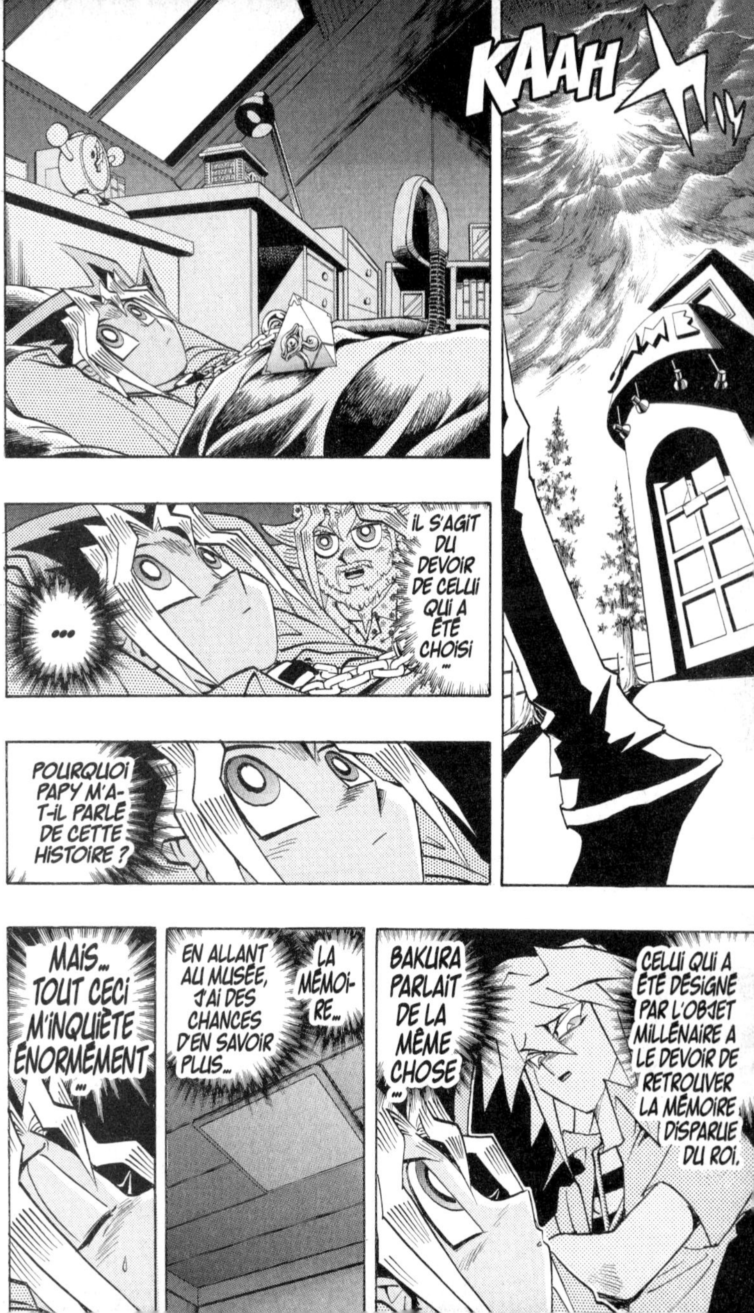
KAAH
IL S'AGIT DU DEVOIR DE CELUI QUI A ÉTÉ CHOISI...
...
POURQUOI PAPY M'A-T-IL PARLÉ DE CETTE HISTOIRE ?
CELUI QUI A ÉTÉ DÉSIGNÉ PAR L'OBJET MILLÉNAIRE A LE DEVOIR DE RETROUVER LA MÉMOIRE DISPARUE DU ROI.
BAKURA PARLAIT DE LA MÊME CHOSE...
LA MÉMOIRE...
EN ALLANT AU MUSÉE, J'AI DES CHANCES D'EN SAVOIR PLUS...
MAIS... TOUT CECI M'INQUIÈTE ÉNORMÉMENT...

...
MON AUTRE MOi...
!
DÉSOLÉ, JE T'Ai RÉVEiLLÉ ?
!
UHMM, NON... J'Ai AUSSi DU MAL À M'EN-DORMiR ...
DEMAiN, NOUS ALLONS PEUT-ÊTRE PERCER LE MYSTÈRE DE TA MÉMOiRE !!!
JE SUiS TOUT EXCiTÉ ET JE N'ARRiVE PAS À DORMiR !!!

L'AMI...
JE SUIS L'ÂME DU PHARAON QUI A ÉTÉ ENFERMÉE DANS LE PUZZLE MILLÉNAIRE...
... J'AI FAIT TA CONNAISSANCE POUR RETROUVER MA MÉMOIRE DISPARUE...
MAIS AUSSI CELLES DE JÔNO-UCHI, ANZU...
... HONDA ET PLEIN D'AUTRES COMPA-GNONS...
OUI.
LE SOUVENIR DE TOUS CES COMPAGNONS RESTERA TOUJOURS EN MOI...
... QUOI QU'IL PUISSE ARRIVER PLUS TARD !
QUOI...
...QU'IL PUISSE ARRIVER...

LE SOUVENIR DE MES AMIS REPRÉSENTE POUR MOI UN TRÉSOR ÉTERNEL.
UN TRÉSOR ÉTERNEL ...
POURTANT...
... CE QUI NOUS ATTEND AU BOUT...
...L'ÉTERNITÉ...
DIS-MOI ...
... COMME MOI QUI AI CONSTRUIT CE PUZZLE...
CETTE FOIS, C'EST À TOI DE TE RECONSTRUIRE AVEC CES NOUVEAUX SOUVENIRS !
!
L'AMI...
JE SERAI AVEC TOI...
... JUSQU'À CE QUE TU PARVIENNES AU BUT !!!!
OUAIS !!!

KAAA
GRO
PLINKS
GRO
GRO
GRO
KAAA
KAAA

!
VLAF
QUI EST LÀ ?!
LES CARTES DE DIEU !!!!
ATTENDS !!!
VLAF
GRRR !!!
CES CARTES SONT PRÉCIEUSES POUR MON DOUBLE !!!!

L'AMI, JE M'EN OCCUPE !!!!
D'ACCORD!!!
C'EST MOI QUI DEVAIS ASSURER LA SÉCURITÉ DE CES CARTES !!!!
URK...
DASH
ATTENDS!!!
ZDAAAAAH

...!
OÙ EST-IL PASSÉ ?
CHINA TIMER
UWAAAAW!!!
!
CE CRI ...?!
DASh
!!

QUI ES-TU...?
DONG
EH... CES CARTES SONT DES INDICES POUR RETROUVER LA MÉMOIRE DISPARUE DU ROI...
JE CROYAIS QUE C'ÉTAIT TON DEVOIR DE LES PROTÉGER !!
YÛGI !!!

TCHH...
TON INCONSCIENCE ME FAIT FROID DANS LE DOS !
TIENS, ATTRAPE !
...!
JE TE CONSEILLE D'EN VÉRIFIER LE CONTENU.
BAKURA!!!
O.K.!!!!
LES CARTES SONT LÀ !
DANS LE MILIEU DES COLLECTIONNEURS DE CARTES, PERSONNE N'IGNORE QUE TU LES AS GAGNÉES !
CES CARTES MYTHIQUES ONT ÉTÉ LAISSÉES PAR PEGASUS !
IL NE FAUT PAS S'ÉTONNER QU'ELLES ATTIRENT LA CONVOITISE !!!
BAKURA... TU AS RÉCUPÉRÉ MES CARTES.
JE TIENS À TE REMERCIER...
PAS DE QUOI...
MAIS...
TU...
HE...
...TU PENSES À CET OBJET ?...
TCHINK

YUGI...
IL M'A TOUJOURS APPARTENU ...
CELUI QUI M'HÉBERGE S'ÉTAIT PERMIS DE LE PRENDRE À MON INSU !!!!
NE T'INQUIÈTE PAS ...
... LE JOUR VIENDRA OÙ IL TE FAUDRA RÉUNIR LES SEPT OBJETS MILLÉNAIRES.
CE MOMENT VENU, JE TE DONNERAI CET ANNEAU MILLÉNAIRE !!!!
EN ATTENDANT...
... JE TE CONFIE CELUI-CI ...
DJLAAAA !
MAIS...
... L'ŒIL MILLÉNAIRE !!!

PRENDS-LE EN GAGE DE MA LOYAUTÉ !!!!
YUGI !!!
IL T'AIDERA À PERCER LE MYSTÈRE DE LA MÉMOIRE DISPARUE...
BLAM
JE SERAI TOUJOURS LÀ POUR T'AIDER !!
!!
ZRUU
ZRUU ZRUU

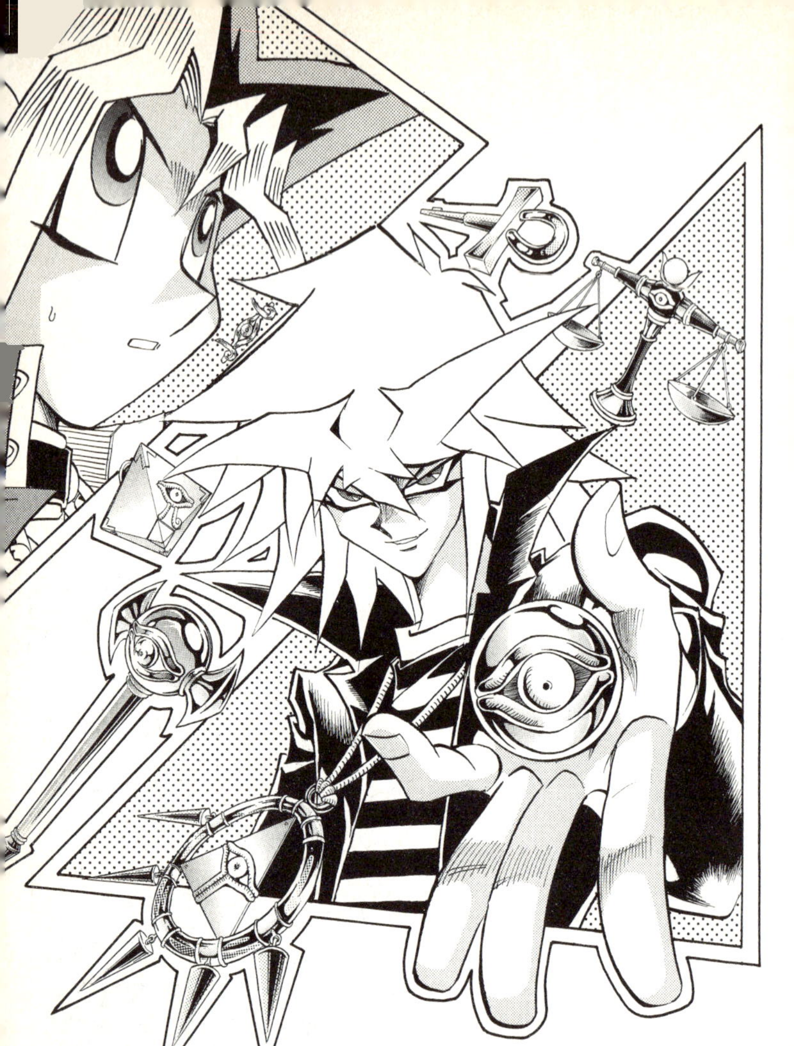

Battle 281
LA VÉRITÉ SUR LES OBJETS MILLENAIRES !!

DOM
JE TE CONFIE CELUI-CI !!!
CECI EST LE GAGE DE MA LOYAUTÉ !!!!
Zryu
LA RUMEUR DISAIT QU'À LA FIN DU TOURNOI, PEGASUS AVAIT DISPARU...
POURTANT...
...!
... QUE FAIT SON OBJET MILLÉNAIRE ENTRE LES MAINS DE BAKURA ?!
L'OEIL MILLÉNAIRE !!!
Zryu
Zryu

ZRYU
ZRYU
YÛGI... TU AS RÉUSSI À CONSTRUIRE LE PUZZLE MILLÉNAIRE... CE FAMEUX PUZZLE MILLÉNAIRE QUI CONTIENT LA MÉMOIRE DU ROI !!
TU AS DÉSORMAIS LE DEVOIR DE LA RETROUVER!
POUR Y PARVENIR, TU DEVRAS RÉUNIR LES SEPT OBJETS MILLÉNAIRES...
...
CELUI-CI EN EST UN...
SI JE TE LE CONFIE, C'EST POUR T'AIDER DANS TA RECHERCHE !!!
SI TU RÉUNIS LES SIX OBJETS... JE TE REMETTRAI LE SEPTIÈME...
... JE TE PROMETS DE TE LE DONNER...

ZRYU
ZRYU
QUE SAIT PRÉCISÉMENT BAKURA DE L'HISTOIRE DE CES OBJETS MILLÉNAIRES ?
PEGASUS PARLAIT D'UNE STÈLE EN PIERRE QUI SYMBOLISE LA MÉMOIRE DU ROI... ELLE SE TROUVERAIT DANS UN TEMPLE SOUTERRAIN EN ÉGYPTE...
CETTE STÈLE COMPORTE DES EMPLACEMENTS OÙ SE LOGENT LES SEPT OBJETS MILLÉNAIRES ...
BAKURA ? TU CONNAIS LA VÉRITÉ ?
CE QUI VA SE PASSER LORSQUE LES SEPT OBJETS SERONT PLACÉS DANS LA STÈLE...?
TU PENSES À LA TABLETTE DE LA MÉMOIRE QUI SE TROUVE DANS LE VILLAGE DE KUL ELNA ?
IL S'AGIT D'UN TALISMAN QUI RELIE CE MONDE À L'AU-DELÀ.
!
QUI RELIE CE MONDE À L'AU-DELÀ ...?!

QUAND LES OBJETS AURONT TROUVÉ LEUR PLACE DANS CETTE TABLETTE EN PIERRE ...
... LES PORTES DU ROYAUME DES OMBRES S'OUVRIRONT...
!!
LE ROYAUME DES OMBRES ...?
OUI...
YÛGI... JE PENSE QUE TU N'AS AUCUN MAL...
... À DEVINER DE QUOI IL S'AGIT ...!
LÀ OÙ SE TROUVE ENFERMÉE LA FORCE OCCULTE QUE JE CHERCHE...
POUR LE MOMENT, IL N'A PAS BESOIN DE TOUT SAVOIR...
KRUU KRUU ...

TU ES PARVENU À MONTER CE PUZZLE, DÉSORMAIS C'EST TON DEVOIR D'ACCOMPLIR CETTE MISSION !
TU AS TOUT COMPRIS !!!
NON...
RENDRE L'ÂME DE MON DOUBLE QUI SE TROUVE ENFERMÉE DANS CE PUZZLE...
OUI, J'AI L'IMPRESSION DE COMPRENDRE...
RENDRE L'ÂME DU PHARAON DANS LE ROYAUME DES OMBRES !!!
YUGI !!!
JE T'AIDERAI...
JE T'ACCOMPAGNERAI JUSQU'À CE QUE TU RÉUSSISSES...
JUSQU'À PRÉSENT, BAKURA A TOUJOURS CHERCHÉ À RÉCUPÉRER CES OBJETS... IL A MÊME FAILLI ME TUER POUR Y PARVENIR...
...
... JE NE SUIS PAS PRÊT À LUI FAIRE CONFIANCE !!!
SPOF
OUOPS !!
HOP !
L'OEIL MILLÉNAIRE !!!
PRENDS-LE !!!!
AH ...!

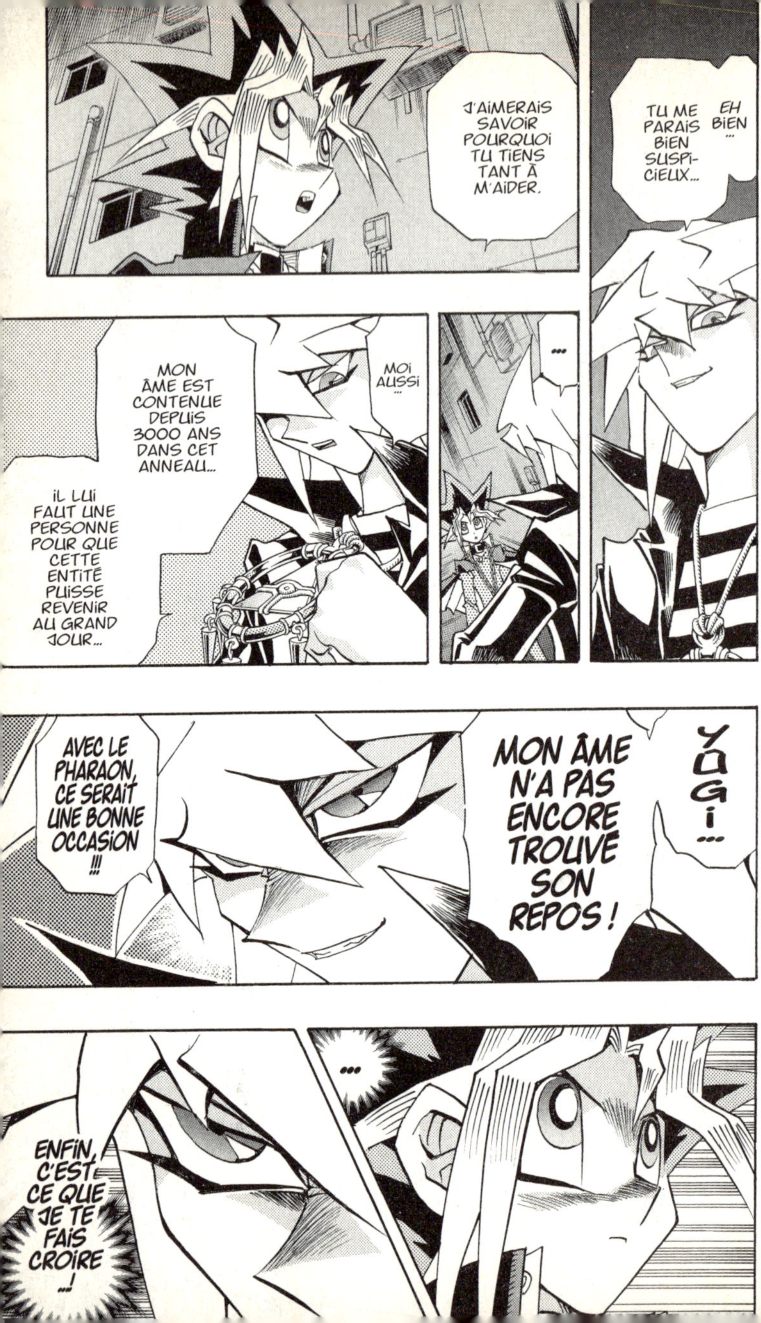
J'AIMERAIS SAVOIR POURQUOI TU TIENS TANT À M'AIDER.
EH BIEN ...
TU ME PARAIS BIEN SUSPICIEUX...
...
MOI AUSSI ...
MON ÂME EST CONTENUE DEPUIS 3000 ANS DANS CET ANNEAU...
IL LUI FAUT UNE PERSONNE POUR QUE CETTE ENTITÉ PUISSE REVENIR AU GRAND JOUR...
YUGI...
MON ÂME N'A PAS ENCORE TROUVÉ SON REPOS !
AVEC LE PHARAON, CE SERAIT UNE BONNE OCCASION !!!
...
ENFIN, C'EST CE QUE JE TE FAIS CROIRE ...!

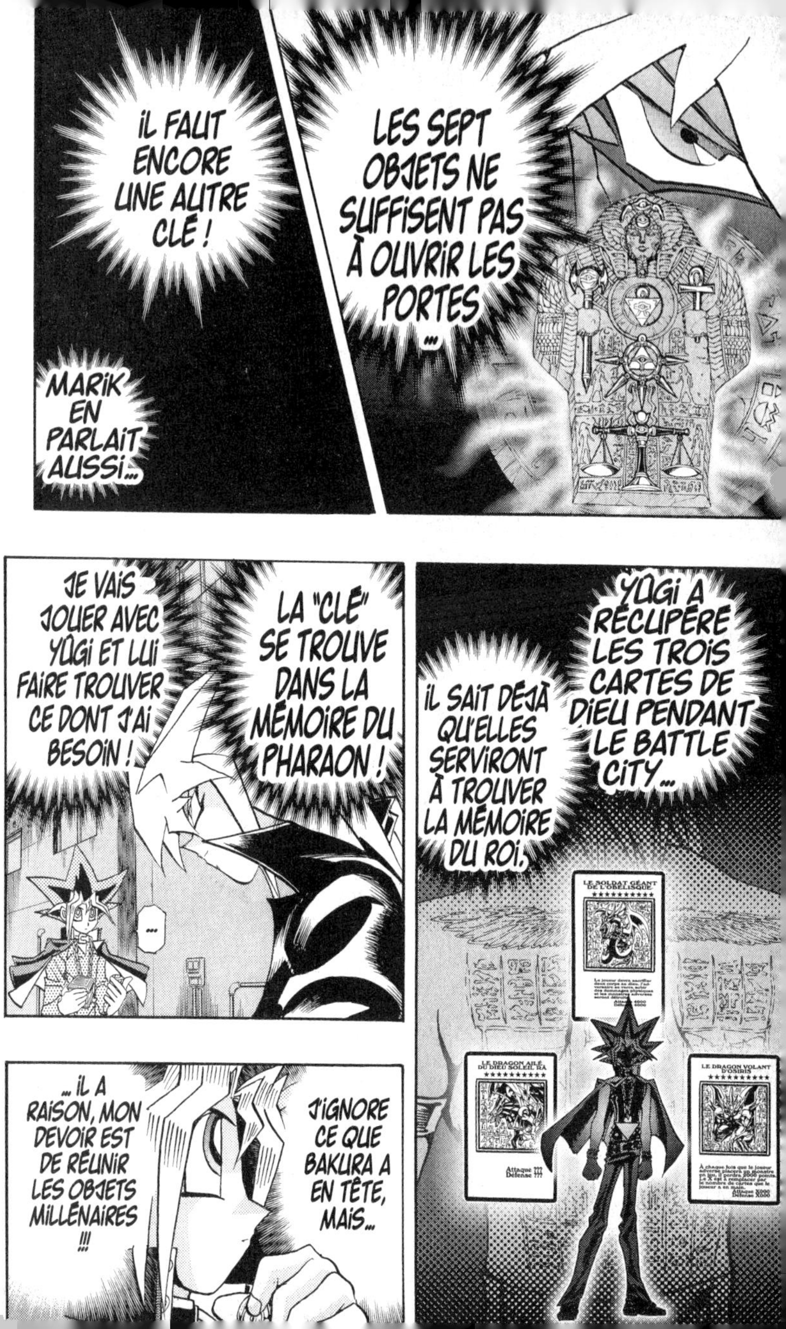
LES SEPT OBJETS NE SUFFISENT PAS À OUVRIR LES PORTES ...
IL FAUT ENCORE UNE AUTRE CLÉ !
MARIK EN PARLAIT AUSSI...
YÛGI A RÉCUPÉRÉ LES TROIS CARTES DE DIEU PENDANT LE BATTLE CITY...
IL SAIT DÉJÀ QU'ELLES SERVIRONT À TROUVER LA MÉMOIRE DU ROI.
LE SOLDAT GÉANT DE L'OBÉLISQUE
LE DRAGON AILÉ DU DIEU SOLEIL RA
LE DRAGON VOLANT D'OSIRIS
LA "CLÉ" SE TROUVE DANS LA MÉMOIRE DU PHARAON !
JE VAIS JOUER AVEC YÛGI ET LUI FAIRE TROUVER CE DONT J'AI BESOIN !
...
J'IGNORE CE QUE BAKURA A EN TÊTE, MAIS...
... IL A RAISON, MON DEVOIR EST DE RÉUNIR LES OBJETS MILLÉNAIRES !!!

LA HA-CHE...
LE PUZ-ZLE...
LE TOR-QUE...
... ET POUR FINIR, L'OEIL...
J'AI DÉJÀ QUATRE OBJETS AVEC MOI...
GYUP
IL Y A L'ANNEAU DE BAKURA.
IL EN RESTE ENCORE TROIS À TROUVER.
ENSUITE...
... LA CLE ET LA BALANCE QUE POSSÈDE SHAHDI.

YÛGI... AUJOURD'HUI, TU VAS AU MUSÉE À LA FIN DES COURS...?
MON DOUBLE AUSSI, IL A HÂTE D'Y ALLER...
!
LE MYSTÈRE DES TROIS CARTES DE DIEU...
IL Y A DES CHANCES QUE TU TROUVES DES INDICES SUPPLÉMENTAIRES...
J'ASSISTERAI DISCRÈTEMENT À CETTE SCÈNE...
WOOOW
À PLUS TARD...

WOOO
LE JOUR S'EST LEVÉ...
UNE NOUVELLE JOURNÉE OÙ UN INCROYABLE VOYAGE NOUS ATTEND.
LYCÉE MUNICIPAL DOMINO

SALUT, YÛGI !!!!
BONJOUR, JÔNO-UCHI...
BEN QUOI ?!
TU EN FAIS UNE TÊTE ?!
TU MANQUES DE SOMMEIL ?
AH, AU FAIT...
OUI, IL S'EST PASSÉ PLEIN DE CHOSES LA NUIT DERNIÈRE.
COMMENT ÇA, "PLEIN DE CHOSES" ?
MON MAGNETOSCOPE EST ENFIN RÉPARÉ.
... YÛGI, TU NE VEUX PAS ME RENDRE LA "FAMEUSE" VIDÉO.
COMMENT ...?
UNE VIDÉO ...?
MAIS SI...
TU SAIS, AVEC LES FILLES ET TOUT..
AH, MAIS BIEN SÛR !!!
C'EST GRAND-PÈRE QUI...
BDOM
BONJOUR !!!
ドキッ
¡PS !
PAF
DE QUOI PARLIEZ-VOUS ?!
BON... BONJOUR, ANZU.
NON, RIEN !!!

SALUT !!!
BONJOUR !!!
BAKURA...
SALUT !!!
BEN QUOI, BAKURA ?
TOI AUSSI, T'EN FAIS UNE TRONCHE !!!
UHM...
JE ME SUIS RÉVEILLÉ COMPLÈTEMENT GROGGY.
YUGI...
... TU AS PENSÉ À L'EMMENER ?
OUI !
KTOK

LE DRAGON VOLANT D'OSIRIS
À chaque fois que le joueur adverse placera un monstre en jeu, il perdra 2000 points. Le X est à remplacer par le nombre de cartes que le joueur a en main.
Attaque X000 Défense X000
LES CARTES DE DIEU...
QUEL RAPPORT AVEC TA MÉMOIRE ?
HUMM... TOUT CELA ME LAISSE SCEPTIQUE...
C'EST POUR CETTE RAISON QU'ON VA ALLER AU MUSÉE POUR EN SAVOIR PLUS !
JE NE VOIS PAS CE QUE VOUS ALLEZ Y TROUVER !!!
JE N'EN SAIS RIEN !!!
LA TABLETTE EN PIERRE...
YÛGI Y APPARAIT REPRÉSENTÉ SOUS LA FORME D'UN PHARAON DE L'ÉGYPTE ANTIQUE...
POUR L'INSTANT, JE SUIS LA SEULE À L'AVOIR VUE...
SI LE DOUBLE DE YÛGI EST VRAIMENT L'ÂME DU PHARAON QUI SE TROUVE DANS LE PUZZLE...
... COMME LE DISAIT ISIS, IL EXISTE CERTAINEMENT UN ENDROIT OÙ IL DEVRA RETOURNER.
YÛGI...
UHM...?

LORSQUE TON DOUBLE...
... AURA RETROUVÉ SA MÉMOIRE...
...TU NE CROIS PAS QU'IL VA NOUS OUBLIER TOUS...?
...
ANZU..
!
KAAA
ZdOM

COMMENT PEUX-TU PENSER QUE JE PUISSE VOUS OUBLIER ?!
TCHH...
!....

BDOM
ドキ
YUGI !!!
BAH... OUAIS QUOI !!!
NOUS SOMMES TOUS DES AMIS !
OUI, TU AS RAISON ...
BIEN !!!
ALLONS AU MUSÉE !!!
CRÉTIN, LE PREMIER COURS NE FAIT QUE COMMENCER !
JÔNOUCHI, DU CALME ...
ON Y VA APRÈS LA FIN DES COURS !!!

MUSÉE DE LA VILLE DE DOMINO
NOUS Y SOMMES !!!
LE SECRET DE MA MÉMOIRE ...
!
VOUS ÊTES MONSIEUR MUTÔ YÛGI ?
NOUS VOUS ATTENDIONS !!!

GERPS...
QUI EST CE MEC ?
JE M'APPELLE BOBASA !!!!
BIONG
MON RÔLE EST DE PROTÉGER LES OBJETS MILLÉNAIRES DE YÛGI...!
J'AI REÇU L'ORDRE DE SHAHDI DE LA FAMILLE DES GARDIENS DES TOMBEAUX. JE DOIS VOUS ACCOMPAGNER...
ZRYU ZRYU
!!
QUI EST CET HOMME ?!

BiONG
JE M'APPELLE BOBASA !!!!
MON RÔLE EST DE PROTÉGER LES OBJETS MILLÉNAIRES DE YÛGI...!
Battle 282
UN VOYAGE VERS LA MÉMOIRE !!

D'OÙ SORT-IL, CE GROS LARD ?!
!
FUOH FUOH, JE SUIS RAVI DE FAIRE VOTRE CONNAISSANCE !!!
ZUM ZUM
IL PRÉTEND S'APPELER BOBASA...!
SON CORPS COMPORTE DES EMPLACEMENTS POUR Y DÉPOSER LES OBJETS MILLÉNAIRES !!!
ZRUU ZRUU
LA CLÉ ET LA BALANCE MILLÉNAIRES ONT DÉJÀ TROUVÉ LEUR PLACE DANS CES ALVÉOLES !
ZUM
ZUM
!!
POUR QUELLE RAISON LES OBJETS DE SHAHDI SE TROUVENT-ILS CHEZ LUI...?!
YÛGI, FAIS ATTENTION !!!
C'EST PEUT-ÊTRE UN ENNEMI QUI CHERCHE À TE DÉROBER TES OBJETS !!!!

NON...
JE NE SUIS PAS UN ENNEMI !!!
JE NE MENS PAS !!!
BLUU
BLUU
ALORS, GROS LARD !!!
IL ME SEMBLE QUE CES OBJETS MILLÉNAIRES QUE TU PORTES SUR TOI APPARTIENNENT À SHAHDI ! UN MEC QUI NOUS A FAIT JOUER AU DANGEREUX JEU DES TÉNÈBRES !
ON NE PEUT PAS TE FAIRE CONFIANCE !!!
VOUS AVEZ RAISON... J'APPARTIENS À LA FAMILLE DES GARDIENS DES TOMBEAUX.
J'AI SERVI TRÈS LONGTEMPS MON MAÎTRE SHAHDI !
MAIS VOUS FAITES ERREUR !!!
J'AI REÇU L'ORDRE DE MON MAÎTRE DE VENIR AIDER ET PROTÉGER YÛGI !!
UN ORDRE DE SHAHDI ...?!
POUR ME PROTEGER...?
MAÎTRE SHAHDI N'A FAIT QUE VÉRIFIER SI VOUS ÉTIEZ BIEN L'ÂME DU PHARAON QUE NOUS ATTENDONS DEPUIS 3000 ANS...
AUSSI, IL VOUS A TESTÉ AU JEU DES TÉNÈBRES !!!
LE DEVOIR DE LA FAMILLE DES GARDIENS DES TOMBEAUX EST DE VEILLER SUR LES OBJETS MILLÉNAIRES ET SUR L'ÂME DU PHARAON !

GARDIENS DES TOMBEAUX ? MARIK EN ÉTAIT UN AUSSI ET IL A MÊME ESSAYÉ DE NOUS TUER !
AUTREFOIS, CETTE FAMILLE NE FAISAIT QU'UNE...
ELLE EST DÉSORMAIS DIVISÉE EN CLANS. CHACUN DOIT PROTÉGER UN OBJET. MAIS CE NE SONT PAS DES ENNEMIS !!!
PAR LA VOLONTÉ DE LA CLÉ MILLÉNAIRE, J'AI ÉTÉ ATTACHÉ AU SERVICE DE MAÎTRE YÛGI !
...
JE VIENS D'APPARAÎTRE PAR SURPRISE... PAS POSSIBLE DE CROIRE EN MOI...
VRAI-MENT PAS POSSI-BLE !
MAIS JE VOUS ACCOMPA-GNERAI DANS VOTRE VOYAGE !
...
LE JOUR VIENDRA OÙ VOUS ME FEREZ CONFIANCE !
ALORS, VOUS ME CONFIEREZ LES OBJETS MILLÉNAIRES !!!
JE SUIS UN COFFRE-FORT AMBULANT !! JE RISQUERAIS MA VIE POUR LES PROTÉGER !!
MÊME SI JE DOIS TE FAIRE CONFIANCE, JE CONSERVERAI CELUI-CI AVEC MOI !
DJLAA

J'AI COMPRIS !!!
EN ATTENDANT, JE GARDE CES DEUX OBJETS AVEC MOI !
LE CORPS EST LE MEILLEUR COFFRE DE SÉCURITÉ !!!
JE PEUX MÊME FERMER À CLÉ MON HABIT !
KTCHAC
ET AVALER LA CLÉ !!!
GLOUP
ERGL !!!
IL A AVALÉ LA CLÉ !!!!
HUMG !!!
PLAP
JE PEUX AUSSI LA RESSORTIR RAPIDEMENT !
DANS MON VENTRE, LA CLÉ EST EN SÉCURITÉ !!!
C'EST QUOI CE GARS ?!
UN PHÉNOMÈNE DE FOIRE ?!
UMHOO !!!

KRII
PASSONS AUX CHOSES SÉRIEUSES !!!
ZUMF
YUGI...
EUH, NON...
L'ÂME DU PHA-RAON.
ZUM
LES CARTES VOUS ONT CONDUITS DANS CE MUSÉE...
VOUS ALLEZ COMMENCER LE VOYAGE DANS LE MONDE DE LA MÉMOIRE...
... ET VOUS IREZ À LA RENCONTRE DE VOTRE DESTIN...!

!!
LE MONDE DE LA MÉMOIRE ?!
MÊME SI CE QUE VOUS Y TROUVEREZ SERA D'UNE GRANDE CRUAUTÉ, VOUS NE POURREZ PAS Y ÉCHAPPER !
ET ENSUITE...
... VOUS AUSSI...
!
EH, LE GROS !!!
ON NE COMPREND RIEN À CE QUE TU NOUS RACONTES !!!
BOBASA...
DIS-MOI...
AU SUJET DE MA MÉMOIRE... ... ET DES OBJETS MILLÉNAIRES... DIS-NOUS CE QUE TU SAIS DE CES MYSTÈRES !

TOUTES LES RÉPONSES SE TROUVENT DANS LE MONDE DE LA MÉMOIRE...
VOUS LES VERREZ DE VOS PROPRES YEUX...
...
LE MONDE DE LA MÉMOIRE...
ALLONS-Y !
DANS LE MUSÉE !!!

Zum
Zum
YÛGI...
!
UHM!!!
ANZU ? QU'EST-CE QU'IL Y A ?
EUH...
JE VOULAIS JUSTE TE DIRE QUE JE SUIS DÉJÀ VENUE ICI !
UHMM!!!
AAH...
JE L'APPELLE TOUJOURS "YÛGI"...
... MAIS L'AUTRE PERSONNE QUI SE TROUVE EN LUI...
... CE N'EST PAS UN AUTRE YÛGI...
...

S'IL EST VRAIMENT UN ROI QUI VIVAIT, IL Y A 3000 ANS...
IL NE DEVRAIT PAS S'APPELER AINSI...
SON VÉRITABLE NOM...
... S'EST ÉGALEMENT PERDU DANS SA MÉMOIRE...
CASHIER
LA BOUTIQUE DU MUSÉE ...!
CASHIER
MAIS OUI ...!
JE VAIS CERTAINEMENT Y TROUVER DES OBJETS LIÉS À L'EXPOSITION SUR L'ÉGYPTE.
CASHIER
ATTENDEZ-MOI, JE REVIENS !!!
TU POURRAIS PATIENTER AVANT D'ACHETER DES SOUVENIRS !

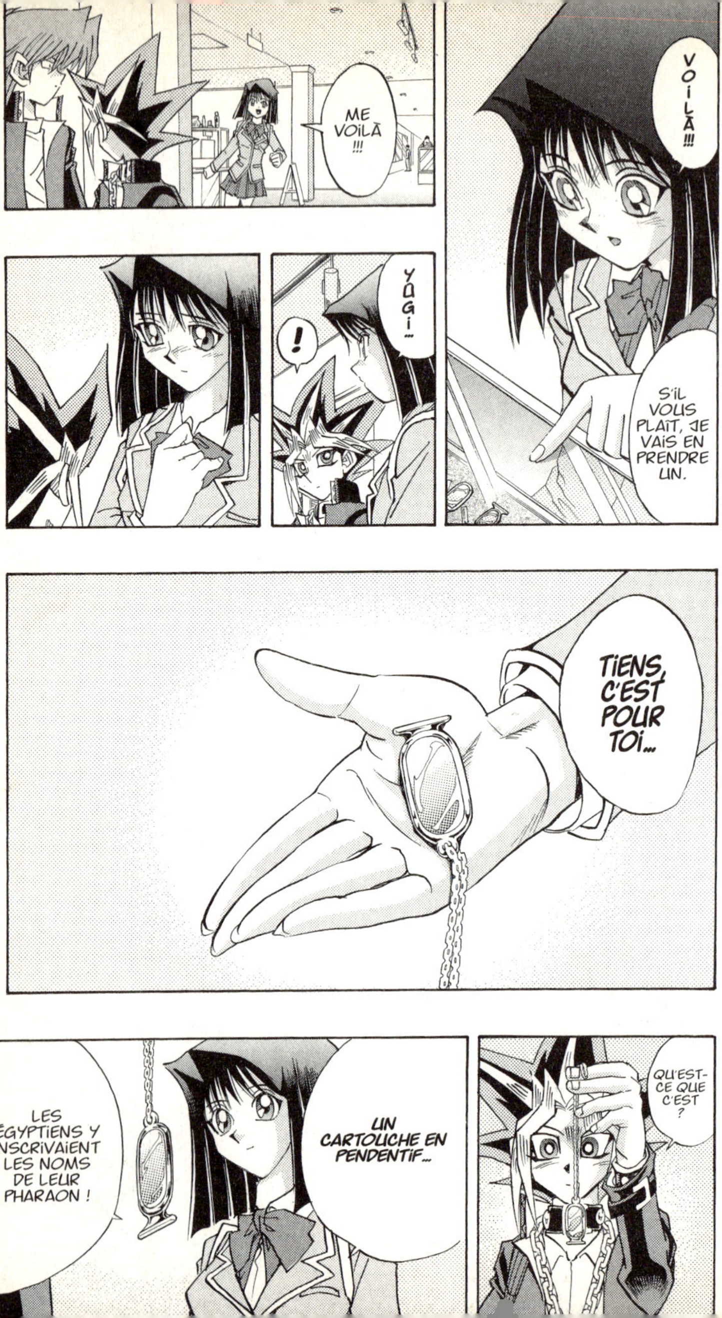
VOiLÀ !!!
ME VOiLÀ !!!
S'iL VOUS PLAiT, JE VAiS EN PRENDRE UN.
YUGi...
!
TiENS, C'EST POUR TOi...
QU'EST-CE QUE C'EST ?
UN CARTOUCHE EN PENDENTiF...
LES ÉGYPTiENS Y iNSCRiVAiENT LES NOMS DE LEUR PHARAON !

MAIS IL N'Y A RIEN DE GRAVÉ DESSUS...
JUSTEMENT, JE VOUDRAIS QUE TU Y INSCRIVES TON VÉRITABLE NOM.
MON...
...VÉRITABLE NOM ...?!
...!
SI TU PARVIENS À RETROUVER TA MÉMOIRE, IL T'AIDERA À NE PAS OUBLIER TON NOM !
TOUS LES NOMS DE LA STÈLE ONT ÉTÉ EFFACÉS...
ANZU SE FAIT DU SOUCI À PROPOS DE MON AMNÉSIE...
JE VEUX SEULEMENT...
... CONNAÎTRE TON NOM...

ANZU, JE TE REMERCIE !!!
JE VAIS EN PRENDRE SOIN !!
OUI !
DONG
!!

C'EST DONC ÇA, LA FAMEUSE PIERRE !!!!
IL RESSEMBLE VRAIMENT À YÛGI !!
ET CELUI À CÔTE ?! C'EST KAIBA ?!
LE MOMENT EST ENFIN ARRIVÉ...
J'AI GAGNÉ LES TROIS CARTES DE DIEU PENDANT LE BATTLE CITY, DANS L'ESPOIR DE RETROUVER MA MÉMOIRE...
LE TATOUAGE DE MARIK DISAIT DE ME RÉFÉRER À CETTE PIERRE...

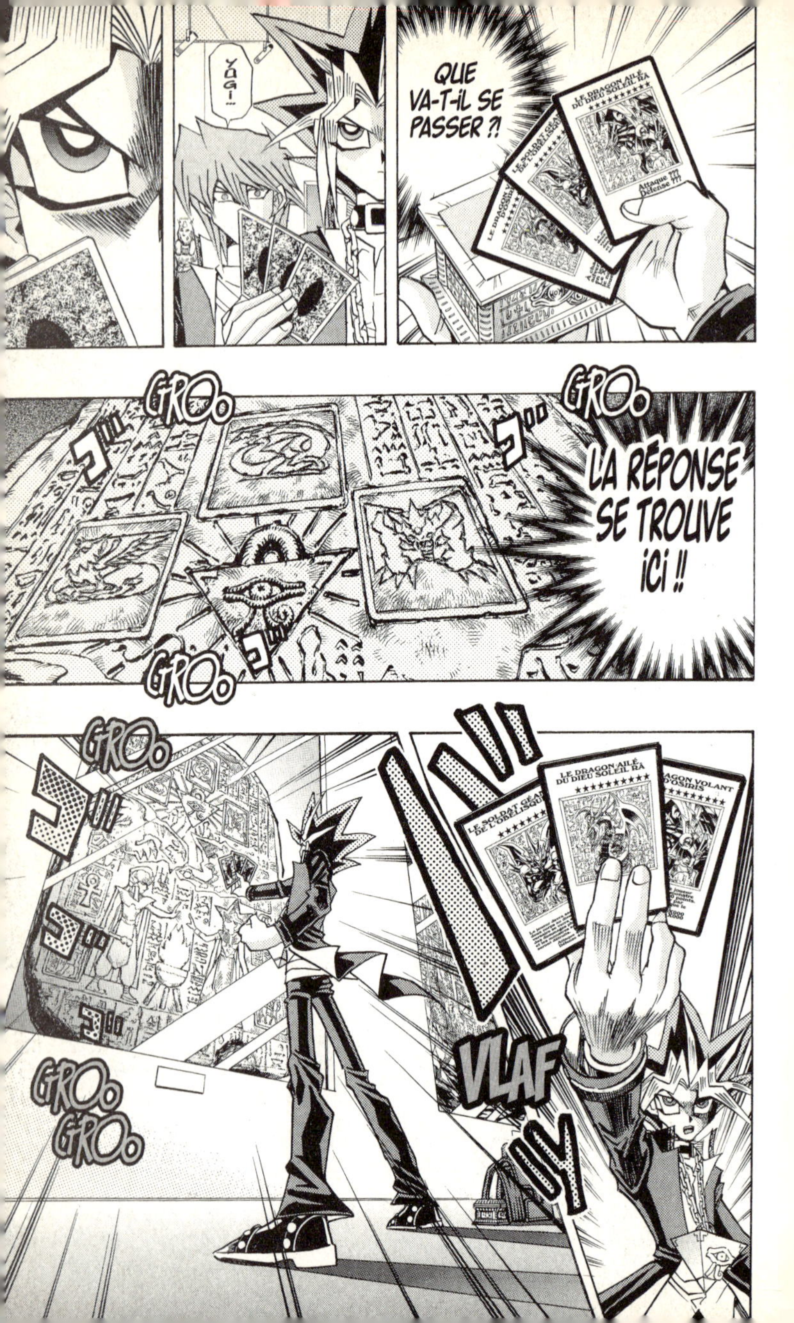
QUE VA-T-IL SE PASSER ?!
YUGI !!
GROO
GROO
LA RÉPONSE SE TROUVE ICI !!
GROO
GROO
LE DRAGON AILÉ DU DIEU SOLEIL RÂ
VLAF
GROO GROO

KAAH
GROOOOO
!!

MON...
... MONDE DE LA MÉMOIRE ...!

Z-DOOM

ZKYUUUU
Battle 283 Les 6 prêtres désignés
URKS ..!!
!!
MON AUTRE MOI ...!!
KAA

GROOOO
Battle 283
LES 6 PRÊTRES DÉSIGNÉS

URKS...
J'AI EU L'IMPRESSION DE RECEVOIR UN TERRIBLE FLASH DE LUMIÈRE...
QUE S'EST-IL PASSÉ...?
!!
YUGI!!!
EH !! YUGI !! ÇA VA ?!!
...

...!
MON AUTRE MOI...
IL A DISPARU...
COMMENT?!
TON DOUBLE VIENT DE DISPARAITRE ?!
IL N'EST PLUS DANS LE PUZZLE...
JE NE LE SENS PLUS DANS MON ÂME...
!!

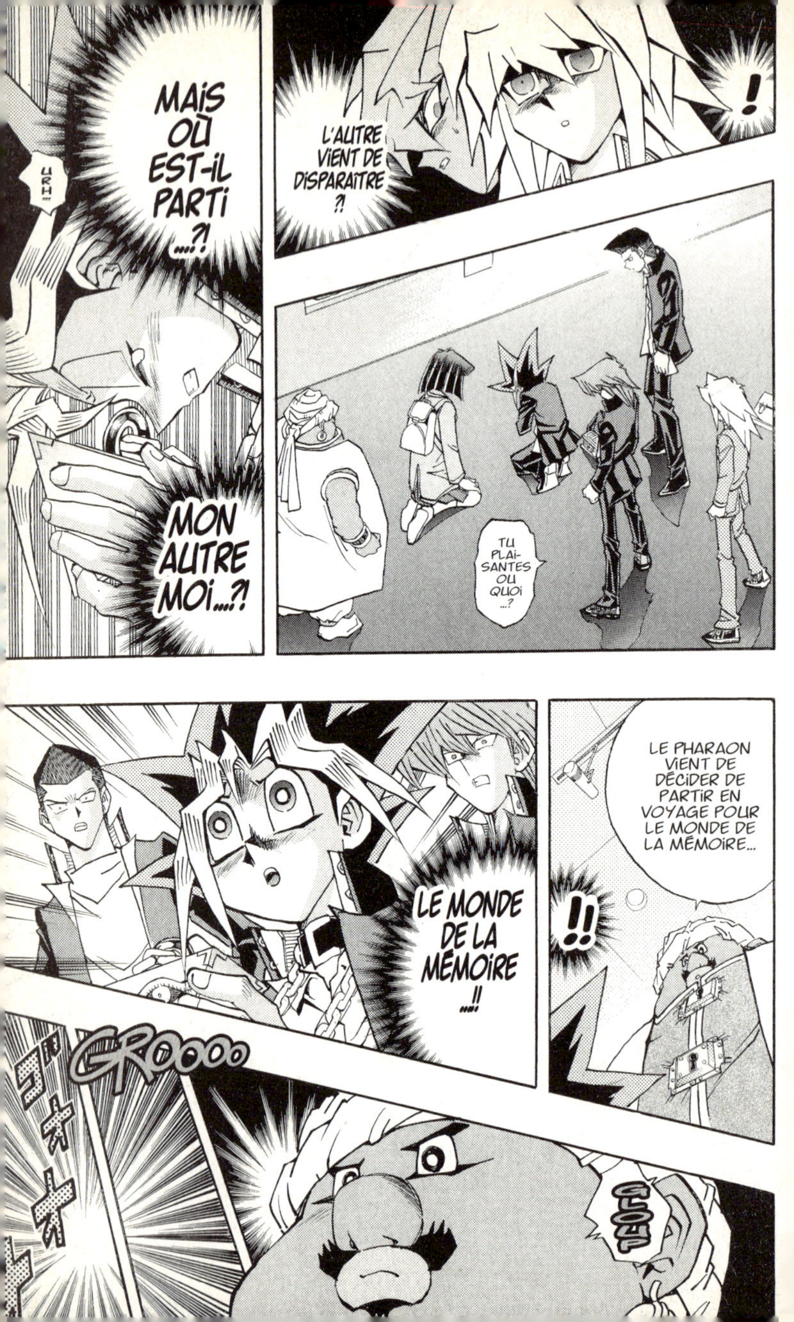
!
L'AUTRE VIENT DE DISPARAÎTRE ?!
URH !!
MAIS OÙ EST-IL PARTI ...?!
TU PLAISANTES OU QUOI ...?
MON AUTRE MOI...?!
LE PHARAON VIENT DE DÉCIDER DE PARTIR EN VOYAGE POUR LE MONDE DE LA MÉMOIRE...
!!
LE MONDE DE LA MÉMOIRE ...!!
GROOOO
GLOUP

LE PHARAON EST PARTI AFFRONTER SON DESTIN.
UN VOYAGE EN QUÊTE DE VÉRITÉ.
GROOOOOOOOO

ZDOOM
DANS LE LOINTAIN LABYRINTHE DU SOUVENIR.

ZDOM
PHARAON !!
NOTRE CHER PHA-RAON !!

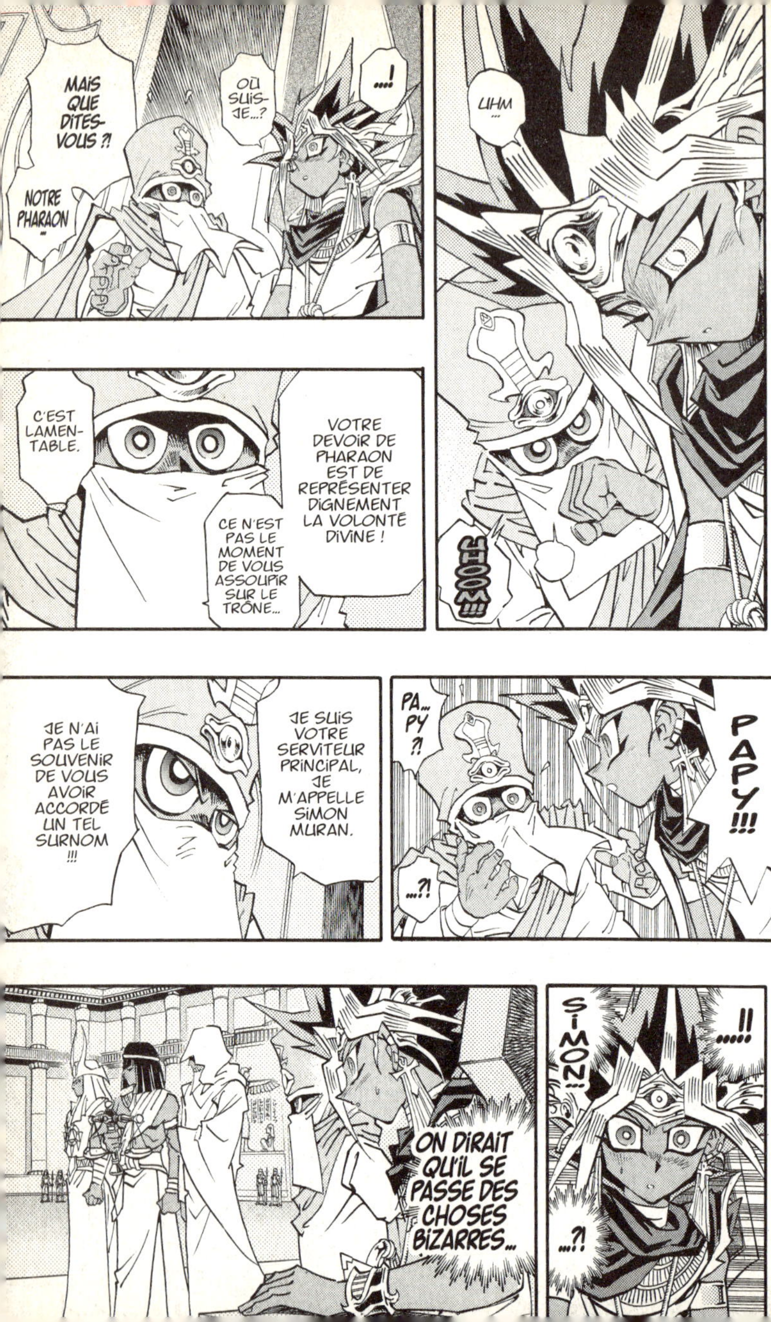
UHM...
UHOOM!!!
...!
OÙ SUIS-JE...?
MAIS QUE DITES-VOUS ?!
NOTRE PHARAON...
VOTRE DEVOIR DE PHARAON EST DE REPRÉSENTER DIGNEMENT LA VOLONTÉ DIVINE !
CE N'EST PAS LE MOMENT DE VOUS ASSOUPIR SUR LE TRÔNE...
C'EST LAMENTABLE.
PAPY!!!
PA... PY ?!
...?!
JE SUIS VOTRE SERVITEUR PRINCIPAL, JE M'APPELLE SIMON MURAN.
JE N'AI PAS LE SOUVENIR DE VOUS AVOIR ACCORDÉ UN TEL SURNOM !!!
...!!
SIMON...
...?!
ON DIRAIT QU'IL SE PASSE DES CHOSES BIZARRES...

MOI, UN PHARAON ?!?!
ET QU'EST-CE QUE JE FAIS DANS CETTE TENUE...?!
CHER PHARAON...
IL EST BIEN L'HEURE !
HEIN ?!
...
PAPY...
EUH, NON... SIMON, QU'EST-CE QUI VA COMMENCER ?
PARDON ?!
QUE VENEZ-VOUS DE DIRE...?!
QUI SONT CES PERSONNES...?
!!

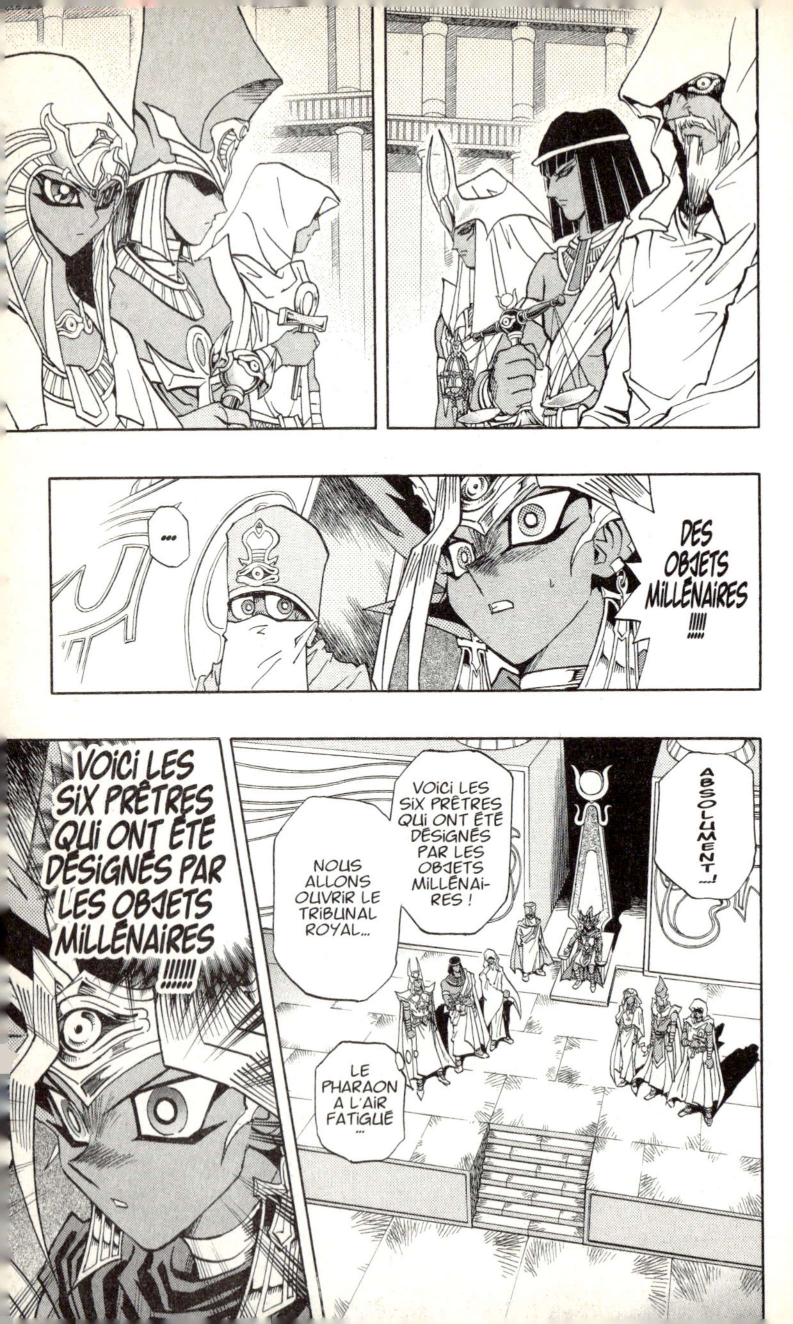
DES OBJETS MILLÉNAIRES !!!!!
...
ABSOLUMENT...!
VOICI LES SIX PRÊTRES QUI ONT ÉTÉ DÉSIGNÉS PAR LES OBJETS MILLÉNAI-RES !
NOUS ALLONS OUVRIR LE TRIBUNAL ROYAL...
LE PHARAON A L'AIR FATIGUÉ...
VOICI LES SIX PRÊTRES QUI ONT ÉTÉ DÉSIGNÉS PAR LES OBJETS MILLÉNAIRES !!!!!!

NOUS ALLONS OUVRIR LE TRIBUNAL...
...!!
AH, OUI...
FAITES AVANCER LE COUPABLE !!!!
PAR ICI !
MEEERDE...!
CET HOMME A ÉTÉ PRIS EN TRAIN DE PROFANER UN TOMBEAU ROYAL !
TCHH...
JE N'AI RIEN VOLÉ...
LA TOMBE ÉTAIT VIDE, IL N'Y AVAIT PAS DE TRÉSOR...!
SILENCE!!!
LA SÉPULTURE ROYALE EST UN TERRITOIRE DIVIN !!
CELUI QUI FOULE CE LIEU S'EXPOSE AU CHÂTIMENT DIVIN !
URKS...!

CHER PHARAON ...
CES BANDITS QUI VIOLENT LES SÉPULTURES NOUS DONNENT BIEN DU MAL...
LES 7 OBJETS DIVINS DÉTENUS PAR LES 6 PRÊTRES SERVENT À PUNIR LES CRIMINELS AU NOM DU PHARAON.
CE SONT LES OBJETS MILLÉNAIRES !
PUNIR LES CRIMINELS ...
LA RAISON D'ÊTRE DE CES OBJETS MILLÉNAIRES ...?!
ZDOM
TU VAS ÊTRE JUGÉ POUR LE CRIME QUE TU AS COMMIS PAR LES SEPT OBJETS MILLÉNAIRES !!!!

QUOI... ?
QU'ALLEZ-VOUS ME FAIRE ?!
LE PRÊTRE SHADA !!!!
VLAF
KAAA
LE POUVOIR DE CETTE CLÉ MILLÉNAIRE VA LIRE DANS TES PENSÉES !!!
!!
GROOOO
ZROO
ZROO
ZROO

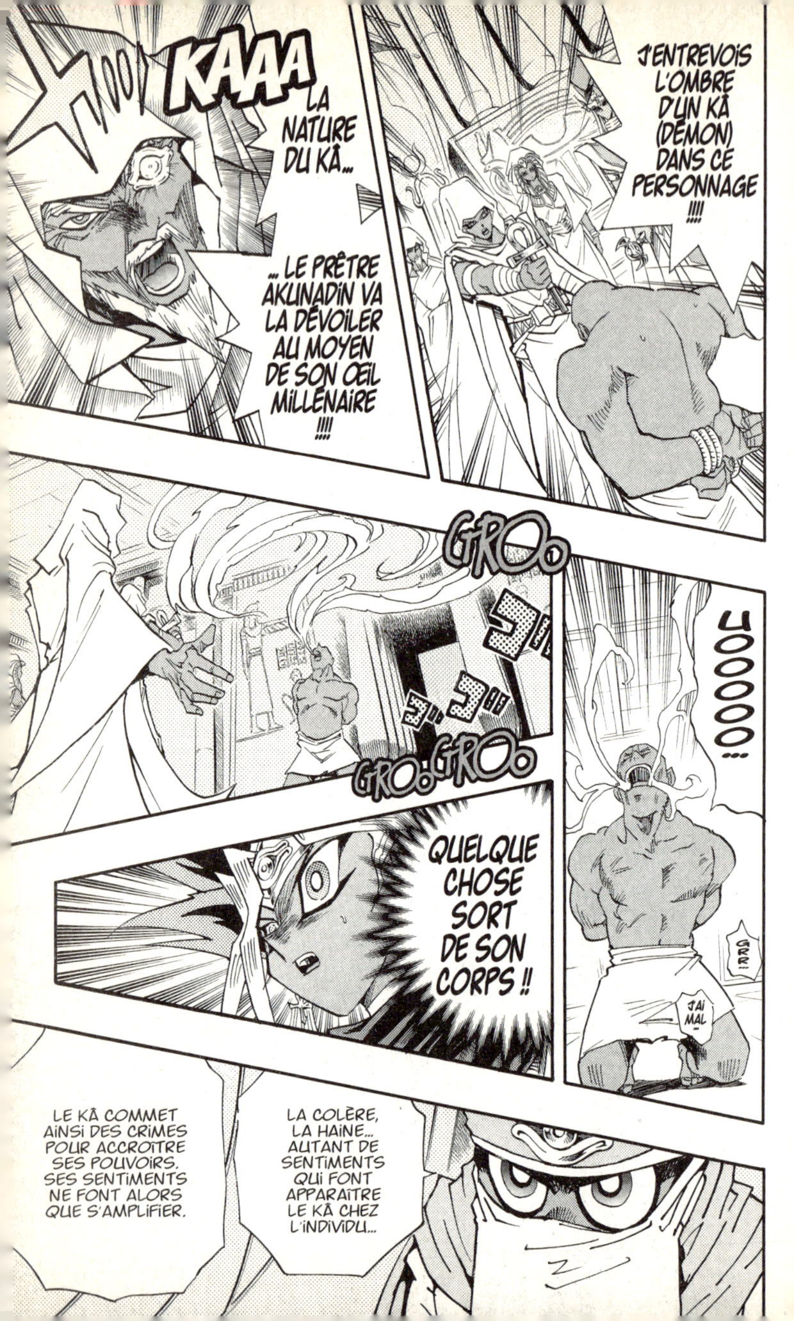
J'ENTREVOIS L'OMBRE D'UN KÂ (DÉMON) DANS CE PERSONNAGE !!!!
KAAA
LA NATURE DU KÂ...
... LE PRÊTRE AKUNADIN VA LA DÉVOILER AU MOYEN DE SON OEIL MILLÉNAIRE !!!!
UOOOOOO...
GRR!
J'AI MAL...
GRO
GRO GRO
QUELQUE CHOSE SORT DE SON CORPS !!
LA COLÈRE, LA HAINE... AUTANT DE SENTIMENTS QUI FONT APPARAÎTRE LE KÂ CHEZ L'INDIVIDU...
LE KÂ COMMET AINSI DES CRIMES POUR ACCROÎTRE SES POUVOIRS. SES SENTIMENTS NE FONT ALORS QUE S'AMPLIFIER.

GROO
GROO
GROO
GROO
LES PRÊTRES DOTÉS DU POUVOIR DES OBJETS MILLÉNAIRES EXTRAIENT LE KÂ DE L'INDIVIDU ET...
... UTILISENT LEUR MAGIE POUR ENFERMER LE MAL DANS UNE STÈLE EN PIERRE.
UNE STÈLE EN PIERRE ...?!
ZUM

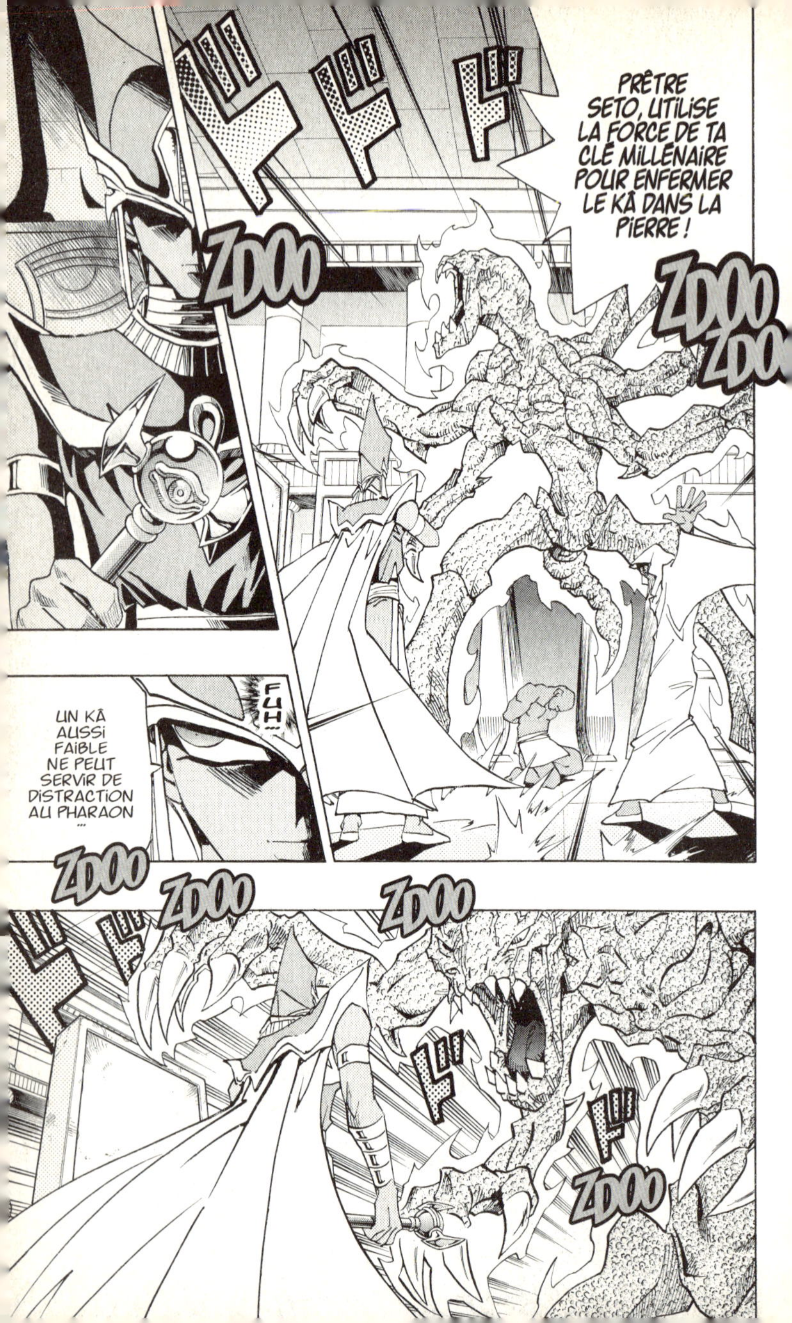
PRÊTRE SETO, UTILISE LA FORCE DE TA CLÉ MILLÉNAIRE POUR ENFERMER LE KÂ DANS LA PIERRE !
ZDOO
ZDOO
ZDO
FUH...
UN KÂ AUSSI FAIBLE NE PEUT SERVIR DE DISTRACTION AU PHARAON ...
ZDOO
ZDOO
ZDOO
ZDOO

OH TOI, MALÉFIQUE KÂ ! TON CORPS DOIT REJOINDRE LA PIERRE DIVINE !
KAAA
BWUOOOO!!!
GYOOOOO

ZIROO
ズ
ZIROO
ズ
ZIROO
ズ
!!
PRÊTRE SETO ...!!
ZIROO
ズ
ZIROO
ズ
GROO
GROO
ゴ
GROO
ゴ
MAIS CE GARS...!!
GROO
GROO
ゴ
GROO
ゴ

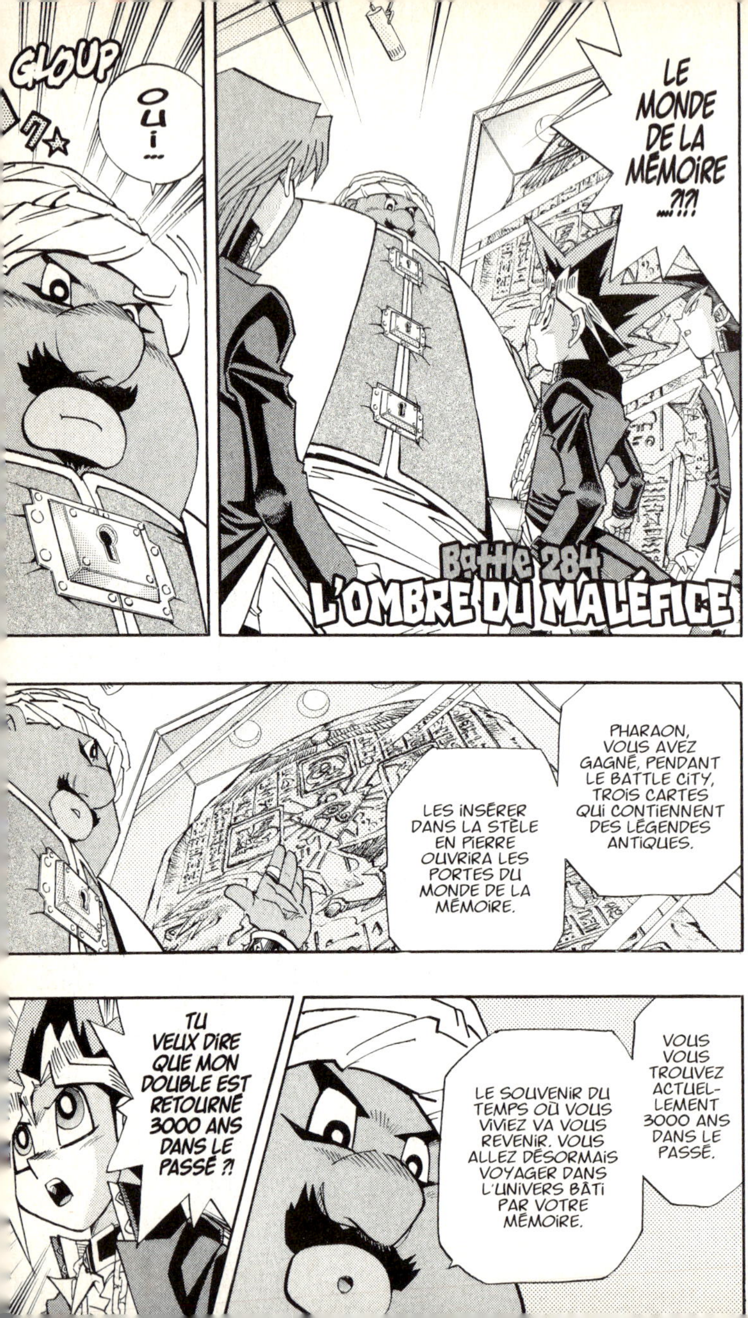
LE MONDE DE LA MÉMOIRE ...?!?!
OUI...
GLOUP
Battle 284
L'OMBRE DU MALÉFICE
PHARAON, VOUS AVEZ GAGNÉ, PENDANT LE BATTLE CITY, TROIS CARTES QUI CONTIENNENT DES LÉGENDES ANTIQUES.
LES INSÉRER DANS LA STÈLE EN PIERRE OUVRIRA LES PORTES DU MONDE DE LA MÉMOIRE.
VOUS VOUS TROUVEZ ACTUELLEMENT 3000 ANS DANS LE PASSÉ.
LE SOUVENIR DU TEMPS OÙ VOUS VIVIEZ VA VOUS REVENIR. VOUS ALLEZ DÉSORMAIS VOYAGER DANS L'UNIVERS BÂTI PAR VOTRE MÉMOIRE.
TU VEUX DIRE QUE MON DOUBLE EST RETOURNÉ 3000 ANS DANS LE PASSÉ ?!

PAS TOUT À FAIT !
MÊME SI LE PHARAON SE TROUVE DANS LE MONDE DE SA MÉMOIRE, LES SOUVENIRS D'AUJOURD'HUI RESTENT INTACTS.
CE QUI VEUT DIRE QUE MÊME DANS SON MONDE, IL SE SOUVIENT DE NOUS ?
OUI... MAIS CE QU'IL VIT DANS CE MONDE EST ÉGALEMENT UN SOUVENIR DE CE QU'IL A VÉCU 3000 ANS AUPARAVANT.
LE PHARAON VA DEVOIR REVIVRE LES MOMENTS LES PLUS DIFFICILES DE SON EXISTENCE.
LES MOMENTS DIFFICILES...
QU'EST-CE QUE CELA SIGNIFIE ?
IL EST POSSIBLE QUE...
... UNE FOIS DE PLUS, IL REVIVE LE JOUR OÙ IL A PERDU LA VIE...
ABSOLUMENT... !
CE MOMENT VENU, IL CONNAÎTRA LA RAISON POUR LAQUELLE SON ÂME A ÉTÉ ENFERMÉE DANS LE PUZZLE.

!!
EH ! TOUT CELA EST FORT INTÉRES-SANT...
EN CLAIR... IL EST EN TRAIN DE REVIVRE LE FILM DE SA VIE... CELLE QUI ÉTAIT LA SIENNE, IL Y A 3000 ANS.
SON HISTOIRE CONTIENT LE SECRET DE SON PUZZLE...
EST-CE QU'IL N'EXISTE PAS UN MOYEN POUR VOIR CE QUI S'Y PASSE...?
EH, BOBASA !!!
TU NOUS DISAIS QUE NOUS AUSSI, NOUS POURRIONS ALLER DANS CE MONDE !!!
OUI...
VOUS POUVEZ VOYAGER DANS LE MONDE DE LA MÉMOIRE DE NOTRE PHARAON...!!

!!
ON VA POUVOIR RENCONTRER YÛGI !!
ÇA, C'EST UNE BONNE NOUVELLE !!!
ON PART IMMÉDIATEMENT !!!!
LA PORTE D'ENTRÉE DE CE MONDE...
... SE TROUVE DANS L'ÂME DE YÛGI.
HEIN ?!
EN MOI ...?!?!
VLAF
BIONG
SÉSAME, OUVRE-TOI !!
DJAKIIIN
キィーン
LA CLÉ MILLÉNAIRE !!!!!!!!!!

!!
LE POUVOIR DE LA CLÉ MILLÉNAIRE PERMET D'ENTRER DANS L'ÂME D'UN INDIVIDU.
SHAHDI S'EST DÉJÀ INTRODUIT DANS LA VÔTRE...
... MAIS IL S'EST RETROUVÉ FACE À UN LABYRINTHE ...
IL N'A PAS RÉUSSI À DÉCOUVRIR LA PORTE DE LA VÉRITÉ...
DONG
LA PORTE DE LA VÉRITÉ...!!
OUI...
DERRIÈRE CETTE PORTE...
... S'ÉTEND LE MONDE DE LA MÉMOIRE !!!!

Battle 284
L'OMBRE DU MALÉFICE

DONG
MAIS CE GARS ...?!
BIEN JOUÉ, PRÊTRE SETO...
J'AI L'IMPRESSION QUE LE PHARAON S'EST ENNUYÉ...
GROo
GROo
GROo
VOUS DEVEZ MAINTENANT DÉCAPITER LE COUPABLE.

LE KÂ A QUITTÉ L'ÂME DE CET HOMME...
LE DEVOIR DU PRÊTRE EST DE LUI ACCORDER LE PARDON, N'EST-CE PAS ?
PRÊTRE SETO...
LE TOMBEAU ROYAL EST UN LIEU SACRÉ OÙ REPOSE L'ÂME DU PHARAON.
CELUI QUI FOULE CET ENDROIT NE MÉRITE AUCUNE CLÉMENCE.
J'ESTIME QUE SON CORPS ET SES OS DOIVENT ÊTRE BRISÉS. IL ENCOURT LA PEINE CAPITALE...
HYIII...
J'IMPLORE VOTRE PARDON...!
JE LE CONDAMNE À 7 ANS DE TRAVAUX FORCÉS !!
EMMENEZ-LE !
OUI !!!
PRÊTRE MAHAD !!!!
TU DIRIGES LE CLAN QUI SURVEILLE LES TOMBES, N'EST-CE PAS ?
POURTANT, IL SEMBLE QUE CES DERNIERS TEMPS, LES PILLAGES DE TOMBES SE MULTIPLIENT... COMPTES-TU PRENDRE TES RESPONSABILITÉS ?
...
JE SUIS VRAIMENT DÉSOLÉ...

CES DERNIERS JOURS, LA CLÉ MILLÉNAIRE INDIQUE UN NIVEAU D'ACTIVITÉ TRÈS INTENSE.
LE NOMBRE DE PERSONNES ENSORCELÉES PAR LE KÂ AUGMENTE DE MANIÈRE TRÈS PRÉOCCUPANTE. LA CLÉ NE PARVIENT PAS À FAIRE FACE À CETTE HAUSSE DU NOMBRE DE DÉLITS.
POUR NOUS, LES SIX PRÊTRES, IL EST DE NOTRE DEVOIR DE PROTÉGER NOTRE PHARAON !!
QUE CE SOIT MAINTENANT, OU...
... LORSQU'IL SERA DANS L'AU-DELÀ !!!
CHER PHARAON !!!
JE VOUS DEMANDE L'AUTORISATION D'AUGMENTER NOS EFFECTIFS POUR PROTÉGER LE SANCTUAIRE DE LA VALLÉE DES ROIS.
.....!!
...
OUI...
JE COMPTE SUR TOI !!

VOUS ALLEZ RANGER CETTE PIERRE QUI CONTIENT LE KÂ DANS LE TEMPLE DE VEJU !!!
OUI !!!
GRAAAAH !!
CE GARS QUI VIENT D'ENFERMER LE DÉMON DANS LA PIERRE...
IL RESSEMBLE À...
KAÏBA...
URK... JE NE COMPRENDS RIEN À CE QUI M'ARRIVE !!!!!
LES SIX PRÊTRES QUI POSSÈDENT DES OBJETS MILLÉNAIRES...
CE SIMON MURAN QUI RESSEMBLE À S'Y MÉPRENDRE À PAPY...
... IL FAIT PARTIE DE MON ENTOURAGE...
... ET POUR FINIR, TOUT LE MONDE M'APPELLE "PHARAON"...
SUIS-JE EN TRAIN DE RÊVER ...?!

NON... CE N'EST PAS POSSIBLE ...
JE SERAIS DANS MON PASSÉ... IL Y A TROIS MILLE ANS ?!
VLAF
.....!!
NOTRE PHARAON SEMBLE AFFECTÉ PAR L'ANNONCE DU PILLAGE DE LA TOMBE DE SES ANCÊTRES ...
CHER PHARAON ! IL NE FAUT PAS VOUS INQUIÉTER !!!
PARDON ?!
LE LIEU SACRÉ OÙ VOUS IREZ VOUS REPOSER...
...MOI, SIMON, JE VOUS PROMETS D'EN SUPERVISER LA CONSTRUCTION !!!
....!!
MON TOMBEAU ...?!?!
POUR NE RIEN VOUS CACHER, LES PLANS SONT DÉJÀ DESSINÉS ET LES TRAVAUX ONT DÉJÀ COMMENCÉ...
HOH HOH ...
C'EST UN SECRET !!!
C'EST UN SECRET !!

LES OUVRIERS DU VILLAGE DEIR EL-MEDINA SONT DES PERSONNES TRÈS COMPÉTENTES...
JE VOUS PROMETS UN REPOS DE QUALITÉ LORSQUE VOUS AUREZ DISPARU !!
CE SANCTUAIRE EST TRUFFÉ DE PIÈGES. AUCUN PILLARD NE VIENDRA VOUS DÉRANGER !!
POUR CES VOYOUS, CE LIEU SERA UN ESPACE DE JEU OÙ LES ATTENDENT UNE MORT CERTAINE ET UN VOYAGE DANS LES TÉNÈBRES...
HOH HOH !!!
......!!
LE TOMBEAU DU PHARAON AKNAM-KANON ÉTAIT UNE VERSION D'ESSAI...
AUCUN PILLARD NE POURRA ÉVITER LES PIÈGES !
GROO GROO GROO
......!!
AISIS, QUE SE PASSE-T-IL ?

MON TORQUE MILLÉNAIRE PRESSENT UN AVENIR INQUIÉTANT.
COMMENT ?!
UN AVENIR INQUIÉTANT ?!!
IL SENT QU'UNE OMBRE MALÉFIQUE S'APPROCHE DU PALAIS...
UNE ENTITÉ QUI POSSÈDE UN HEKA PRODIGIEUX (POUVOIR MAGIQUE) !!!!
VLAF

DONG
KRUU KRUU ...
TU OSES PÉNÉTRER DANS LE PALAIS !!!!
QUI ES-TU ?!

OUAIS... IL PARAIT QU'UN ROI SE PARE D'OR SUR TOUT SON CORPS...
DANS CE CAS, J'EN SUIS UN, MOI AUSSI !
ET PAS N'IMPORTE LEQUEL ! JE SUIS LE ROI DES VOLEURS ! KRUU ! KRUU !
CET OR PROVIENT DES SÉPUL-TURES ...!!
TOI... TU ES UN PILLARD !!!!
FERMEZ-LA...!
JE N'AI PAS DE TEMPS À PERDRE AVEC VOUS !
PRÉVENEZ LE PHARAON !!!!
BAKURA, LE ROI DES VOLEURS DU VILLAGE DE KUL ELNA, VIENT LUI RENDRE VISITE !

GROO
PRÊTRE MAHAD, QUE SE PASSE-T-IL ?
GROO
GROO
GROO
MON ANNEAU MILLÉNAIRE RESSENT UNE PRODIGIEUSE PUISSANCE MALÉFIQUE.
GROO GROO
ZDOO
C'EST TERRIBLE !!!
UN PILLARD DE TOMBEAU, DU NOM DE BAKURA, VIENT DE PÉNÉTRER DANS L'ENCEINTE DU PALAIS !
CE N'EST PAS POSSIBLE ...!
QUE FONT LES GARDES ?!
ZDOO
ZDOO
BAKURA...!!
ZBAM
GWAAAAW !
ZIRDOO
ZIRDOO
ZIRDOO
GWARPS!!!

!!
GWUW...
GRR...
ZUMF
ZDOM
!!
ME VOILÀ ENFIN DEVANT LE TRÔNE...
ZLIP!

!!
GLANKS
REGARDE...
... LE TRÉSOR DE LA TOMBE D'AKNAMKANON QUE JE VIENS DE DÉCOUVRIR !!!!
J'EN AI PROFITÉ POUR VOUS APPORTER CE QUE J'AI TROUVÉ DANS LE SARCO-PHAGE !!!
JE M'ATTENDAIS À TOMBER SUR DES PIÈGES PLUS ÉLABORÉS !!!
GLANKS
GLANKS

C'EST LUI QUI A PILLÉ LA TOMBE DU ROI AKNAMKANON !!!!
JE SUIS VENU RÉCUPÉRER LES OBJETS MILLÉNAIRES...
DONG
COMMENT ?!
Zdoo
VOUS VOUS CROYEZ CAPABLE DE ME PUNIR ?!
Zdoo
Zdoo
MOI, BAKURA, LE ROI DES VOLEURS ! HYA HAAA HAAA !!
Zdoo
Zdoo

L'ANNEAU MILLÉNAIRE !!!!
SON POUVOIR VA VOUS FAIRE ENTRER DANS L'ÂME DE YÛGI !!
DJAKYIIN
IL FAUDRA TROUVER LA PORTE DE LA VÉRITÉ DANS LE LABYRINTHE DE SON ÂME !!
BLAM
Battle 285
BAKURA, LE ROI DES VOLEURS !!
ZDOO ZDOO ZDOO
LA PORTE DE LA VÉRITÉ ?!
LE MONDE DE LA MÉMOIRE DU PHARAON S'ÉTEND DERRIÈRE CETTE PORTE !!

GROO
GROO
!! .....
ENTRER DANS L'ÂME DE YUGI ?!
CE N'EST PAS POSSIBLE ?!
GROO
C'EST VRAI QUE J'AI DÉJÀ EU L'OCCASION D'ENTRER DANS LA CHAMBRE DE L'ÂME DE MON DOUBLE...
À L'INTÉRIEUR, IL Y A UN LABYRINTHE...
... COMME SI C'ÉTAIT LE SYMBOLE D'UNE ÂME PERDUE QUI CHERCHE SON CHEMIN !
MAIS C'EST ICI QUE SE TROUVE LA PORTE DE LA VÉRITÉ, CELLE QUI RELIE LE MONDE DE LA MÉMOIRE !!
ALLONS-Y !!
ON VA DÉCOUVRIR CETTE PORTE !!!!
OUAIS !!!
UHOHO !!!
BLAF
TOUTEFOIS !!!
MOI CHOISIR ...
... LES PERSONNES QUI ENTRENT DANS L'ÂME DE YUGI !!

LA BALANCE MILLÉNAIRE !!!!
SHUBAAA
!!
JE VAIS APPLIQUER CETTE BALANCE SUR VOS TORSES !
SI ELLE PENCHE, CELA VEUT DIRE QUE LA PERSONNE POSSÈDE DES MAUVAISES INTENTIONS !! JE NE LA LAISSERAI PAS ENTRER !!
TU OSES DOUTER DE NOUS ?!
LES PENSÉES COCHONNES DE JÔNO-UCHI VONT FAIRE PENCHER LA BALANCE !!
JE NE DOUTE PAS DE VOUS !!
MAIS CELUI QUI N'A PAS UNE BONNE ÂME RISQUE DE NE PAS POUVOIR SORTIR DE CE LIEU.
ANZU, C'EST O.K. !!
!
JÔNO-UCHI...
... HONDA, C'EST AUSSI O.K. !!
GRR!!!
ÇA N'A RIEN D'ÉTONNANT !!!

!!
EH ?!?!
MAIS POURQUOI ?!...?!
BAKURA!!!
BAKURA... NE POURRA PAS ENTRER DANS SON ÂME !
MOI AUSSI, J'AIMERAIS BIEN AIDER YUGI !!
BAKURA EST UN AMI !!
GRO
LA BALANCE SENT EN LUI UNE PRÉSENCE MALÉFIQUE...
GRO
NON, IL DOIT PARTIR !!!!
CE GARÇON SERAIT CELUI QUI POSSÈDE L'ANNEAU MILLÉNAIRE...?!
GRO
GRO

TANT PIS ...!
JE RENTRE À LA MAISON ...!
J'ESPÈRE QUE VOUS ALLEZ RETROUVER L'AUTRE YÛGI !!
BAKURA ...!!
À PLUS TARD !!!
DAsh
SALUT !!!
CE MAUDIT GROS LARD !
ZDOO
ZDOO ZDOO
BAKURA ...
... IL PORTAIT PEUT-ÊTRE SUR LUI L'ANNEAU MILLENAIRE ...?
URH ...
URH ...
KRUU KRUU... CE N'EST PAS IMPORTANT ...
MON DOUBLE ...
... SE TROUVE DÉJÀ DANS L'ÂME DE YÛGI !!
VOUS ALLEZ FORMER UN CERCLE ET VOUS CONCENTRER !!!!!
BERK ...
EUH ...

ERK !!
MON AUTRE MOI ...
JE TE PROMETS DE TE RETROUVER !!
LE VOILÀ !!!
IL ARRIVE, IL ARRIVE ..!
YUGI !!!
CLE MILLENAIRE !!!!
TU VAS NOUS CONDUIRE DANS L'ÂME DE L'ÉLU DU PUZZLE !!!!
KAAA

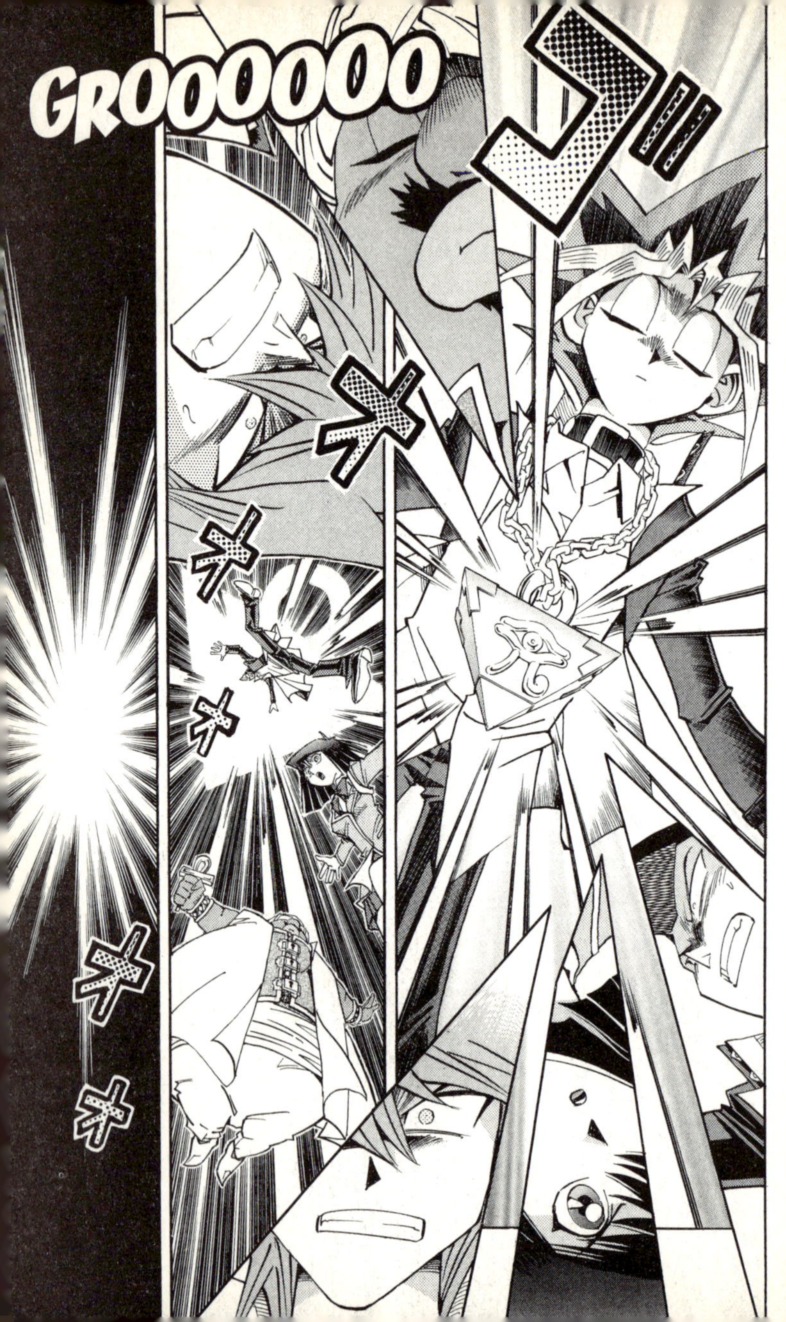
GROOOOOO

HYA HA HAAA ! VOUS ÊTES INCAPABLES DE ME CONDAMNER !!!!
Battle 285
BAKURA, LE ROI DES VOLEURS !!

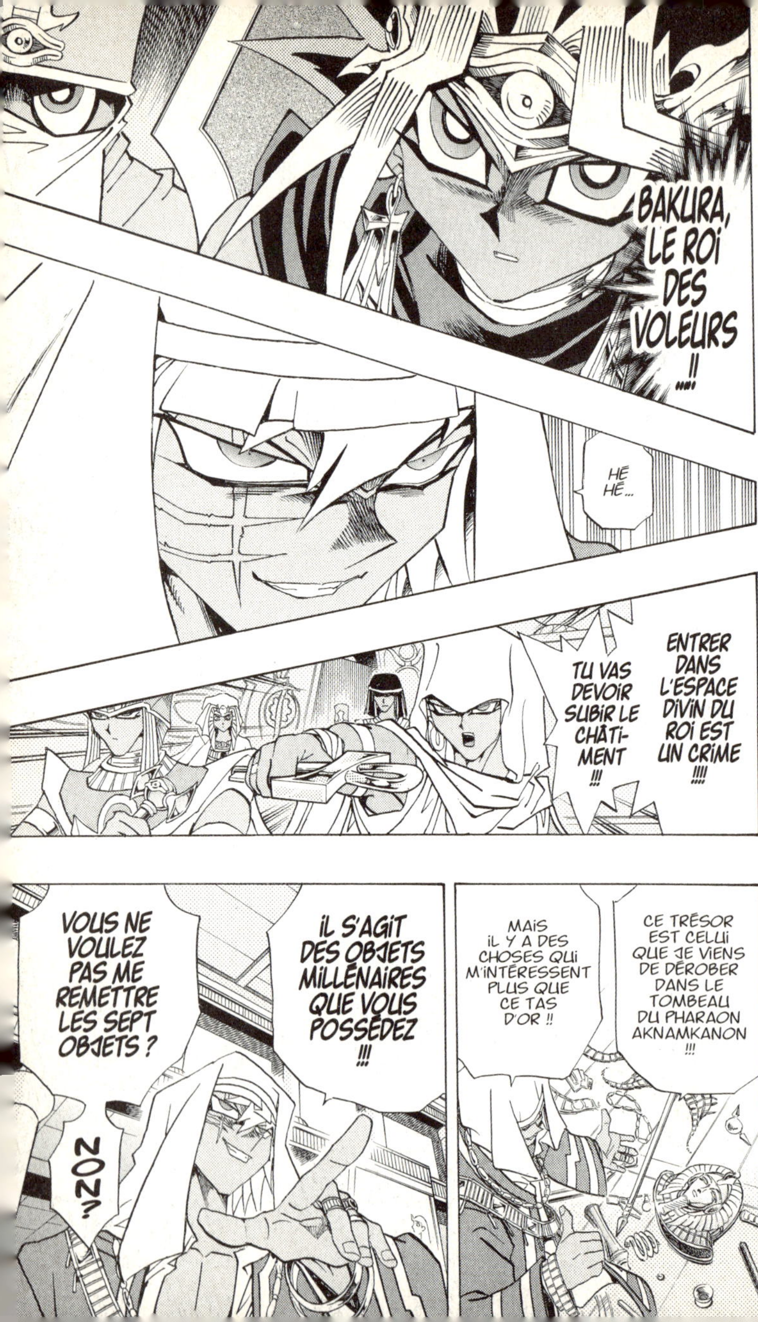
BAKURA, LE ROI DES VOLEURS ...!!
HÉ HÉ...
ENTRER DANS L'ESPACE DIVIN DU ROI EST UN CRIME !!!!
TU VAS DEVOIR SUBIR LE CHÂTIMENT !!!
CE TRÉSOR EST CELUI QUE JE VIENS DE DÉROBER DANS LE TOMBEAU DU PHARAON AKNAMKANON !!!
MAIS IL Y A DES CHOSES QUI M'INTÉRESSENT PLUS QUE CE TAS D'OR !!
IL S'AGIT DES OBJETS MILLÉNAIRES QUE VOUS POSSÉDEZ !!!
VOUS NE VOULEZ PAS ME REMETTRE LES SEPT OBJETS ?
NON?

FUH...
UN SIMPLE BANDIT QUI OSE DÉFIER LES SEPT PRÊTRES !
JE VAIS PRÉPARER UN VASE CANOPE D'UNE GRANDE DIMENSION POUR Y ENFERMER TON COEUR.
ÉCOUTE-MOI BIEN, BANDIT BAKURA ...!
LES SEPT OBJETS SERVENT À MAINTENIR L'ORDRE ET LA JUSTICE DANS CE MONDE.
SEULS LES PRÊTRES DONT LES ÂMES ONT ÉTÉ ENTRAÎNÉES PEUVENT LES POSSÉDER...
... À L'EXCEPTION DU PHARAON QUI EST L'INCARNATION DU DIVIN !
SI UN ÊTRE MALÉFIQUE COMME TOI TOUCHE L'UN DE CES OBJETS, SON ÂME BRÛLERA ET IL SE VERRA IRRÉMÉDIABLEMENT SANCTIONNÉ PAR LA MORT !
TOUT CE QUE TU ME DIS EST TRÈS EXCITANT ...
CES OBJETS ME FONT ENCORE PLUS ENVIE !!
KRUU KRUU ...
NE T'INQUIÈTE PAS ...!
TU SERAS PUNI À MORT, AVANT MÊME D'EN EFFLEURER UN...

BLAM
TRÈS DRÔLE !!!
JE VEUX BIEN VOUS AFFRONTER TOUS EN MÊME TEMPS !
...
PHARAON, IL NE FAUT PAS S'INQUIÉTER !!!
ON PEUT SE FAIRE DU SOUCI POUR CE BANDIT...
IL FAUT UNE BONNE DOSE D'INCONSCIENCE POUR VOULOIR SE MESURER AUX SIX PRÊTRES !
SIMON...
SON ÂME EST AUSSI HANTÉE PAR UN DÉMON ?
CERTAINEMENT...
... MAIS UN BANDIT DE SON ESPÈCE NE DOIT ABRITER QU'UN DÉMON RELATIVEMENT FAIBLE...

L'ENVELOPPE HUMAINE CONTIENT UNE ÂME IMMORTELLE, LE BÂ, AINSI QU'UN REFLET DE SON ÂME, L'ESPRIT (KÂ).
UNE BONNE ÂME DONNE NAISSANCE AU KÂ (ESPRIT)...
... TANDIS QU'UNE ÂME MAL-PENSANTE FAIT APPARAÎTRE LE KÂ (DÉMON).
LE BIEN
LE MAL
KÂ (L'ESPRIT)
BÂ
KÂ (LE DÉMON)
L'ÂME DÉCIDE DE L'ORIENTATION MORALE QUE PREND LE KÂ !
DONG
LA PIERRE !!!
GROO GROO GROO
SON KÂ APPARAÎT SOUS UNE FORME DÉMONIAQUE.
LES PRÊTRES VONT CERTAINEMENT L'ENFERMER DANS UNE STÈLE EN PIERRE !

KOK
GROO
L'INCLINAISON DE LA BALANCE MILLÉNAIRE...
GROO GROO
SON ÂME EST SI MAUVAISE QUE LA BALANCE NE PEUT EN MESURER L'INTENSITÉ !!!
KOK
GROO
LE DÉMON QU'IL HÉBERGE EST UN DANGER POUR NOTRE MONDE...
GROO GROO
KYIIIIN
KAA
SON ÂME EST ENFOUIE DANS LES PROFONDEURS DES TÉNÈBRES. ELLE ENFERME EN ELLE UNE GRANDE HAINE !
!!
L'ORDRE ET LA JUSTICE ? NE ME FAITES PAS RIRE !!!
LES OBJETS MILLÉNAIRES POSSÈDENT ÉGALEMENT UN POUVOIR OCCULTE CAPABLE DE SEMER LE CHAOS !!

GROO GROO
JE VEUX RÉCUPÉRER CES OBJETS !!!!
JE VEUX ME VENGER DE L'HORRIBLE PASSÉ QUI ENTOURAIT L'APPARITION DE L'OBJET MILLÉNAIRE !!
GROO GROO
KAA
PRÊTRE SHADA, LA NOIRCEUR DE SON ÂME EST PROFONDE.
FAITES ATTENTION DE NE PAS SUBIR SA MAUVAISE INFLUENCE !
OUI !!!
VLAF
CLE MILLÉNAIRE ! GUIDE-MOI DANS L'ÂME DE CE FAUTIF !!!!
GROOOOO

ZROO
ZROO
ZROO
COMMENT?!
URKS!!!
BLAM
SHADA?!
HAH...
HAH...
CETTE PERSONNE... SON KÂ (DÉMON) EST TROP GRAND...
ZDOO ZDOO ZDOO
LA TAILLE DE CETTE PIERRE EST INSUFFISANTE POUR L'ENFERMER !!!!
CE N'EST PAS POSSI-BLE !!!
GROO GROO
GROO
KRUU KRUU KRUU ...
SON KÂ (DÉMON) NE VA PAS TARDER À APPARAÎTRE !!!
KAAA

ZGROOOOOO
GROO
GROO
GROO
GROO
!!
COMMENT ?!
C'EST INCROYABLE !! UN VULGAIRE BANDIT EST CAPABLE DE POSSÉDER UN DÉMON AUSSI PUISSANT ?!

ZR...
CE N'EST PAS UN DÉMON ...
iL S'APPELLE DiABOUND !!!
ZR...
ZR...
ZR...
!!
ZDOO
DiABOUND !!!
C'EST iNCROYABLE...
JE NE COMPRENDS PAS COMMENT UN VOLEUR PEUT POSSÉDER UN TEL DÉMON !!
ZDOO
KRUU KRUU ...
QU'EST-CE QUE LE MAL ?
Si ON SE BASE SUR VOTRE iDÉE DE LA JUSTiCE, LE "MAL" RESSEMBLE FiNALEMENT AU BiEN...
GROO GROO
FUH...

KAAA
NE MÉPRISE PAS LES OBJETS MILLÉNAIRES !! MAUDIT VOLEUR !!
LE POUVOIR DU SCEPTRE MILLÉNAIRE VA ENFERMER CE MONSTRE !!!!!
GROooo
URK...
GYUUUUUU

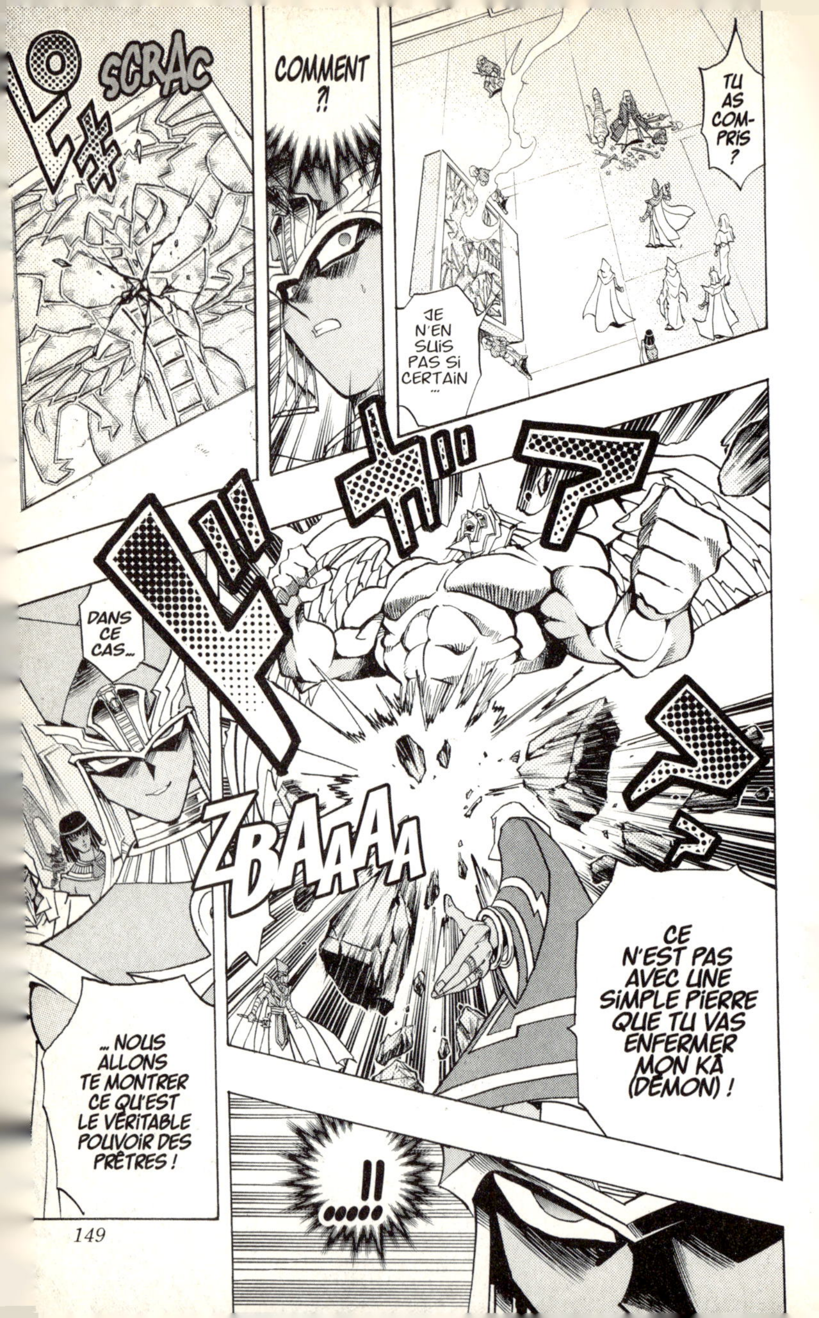
TU AS COMPRIS ?
JE N'EN SUIS PAS SI CERTAIN...
COMMENT ?!
SCRAC
DANS CE CAS...
CE N'EST PAS AVEC UNE SIMPLE PIERRE QUE TU VAS ENFERMER MON KÂ (DÉMON) !
ZBAAAAA
... NOUS ALLONS TE MONTRER CE QU'EST LE VÉRITABLE POUVOIR DES PRÊTRES !
...!!

ゴオオオオ
GROOOO
Battle 286
DIABOUND VS GARLES DRAGON !!
UHM...
...!
YUGI...
...HUM...
REGARDE...
OÙ SOMMES-NOUS ?

ZDOM
IL S'AGIT DU LABY-RINTHE DE L'ÂME DE...
... MON AUTRE MOI...
!!
TOUT L'ESPACE DE CE LABYRINTHE SERAIT L'ÂME DE YÛGI...?!!
FUAH!..

OUi ...
VOUS ÊTES ICI GRÂCE AU POUVOIR DE MA CLÉ MILLÉNAIRE ...
BOBASA ...!
LA FAMEUSE PORTE DE LA VÉRITÉ SE TROUVE QUELQUE PART DANS CE LABYRINTHE ?!
MAIS OÙ SOMMES-NOUS ?!
ZUMF
OUI !!!
IL N'EXISTE QU'UNE SOLUTION POUR SORTIR DE CE LIEU...
IL FAUT TROUVER LA PORTE DE LA VÉRITÉ !
KOAAAA ?!!
GROo GROo GROo
BIEN, ON VA LA CHERCHER ...
... CETTE FAMEUSE PORTE DE LA VÉRITÉ !!!
OUAIS !!!
L'AMI !! ON ARRIVE !!!!
ON VA TROUVER CETTE PORTE ET ENTRER DANS LE MONDE DE LA MÉMOIRE !!

C'EST INCROYABLE !!
ZBAAAAAM
Battle 286
DIABOUND VS GARLES DRAGON !!

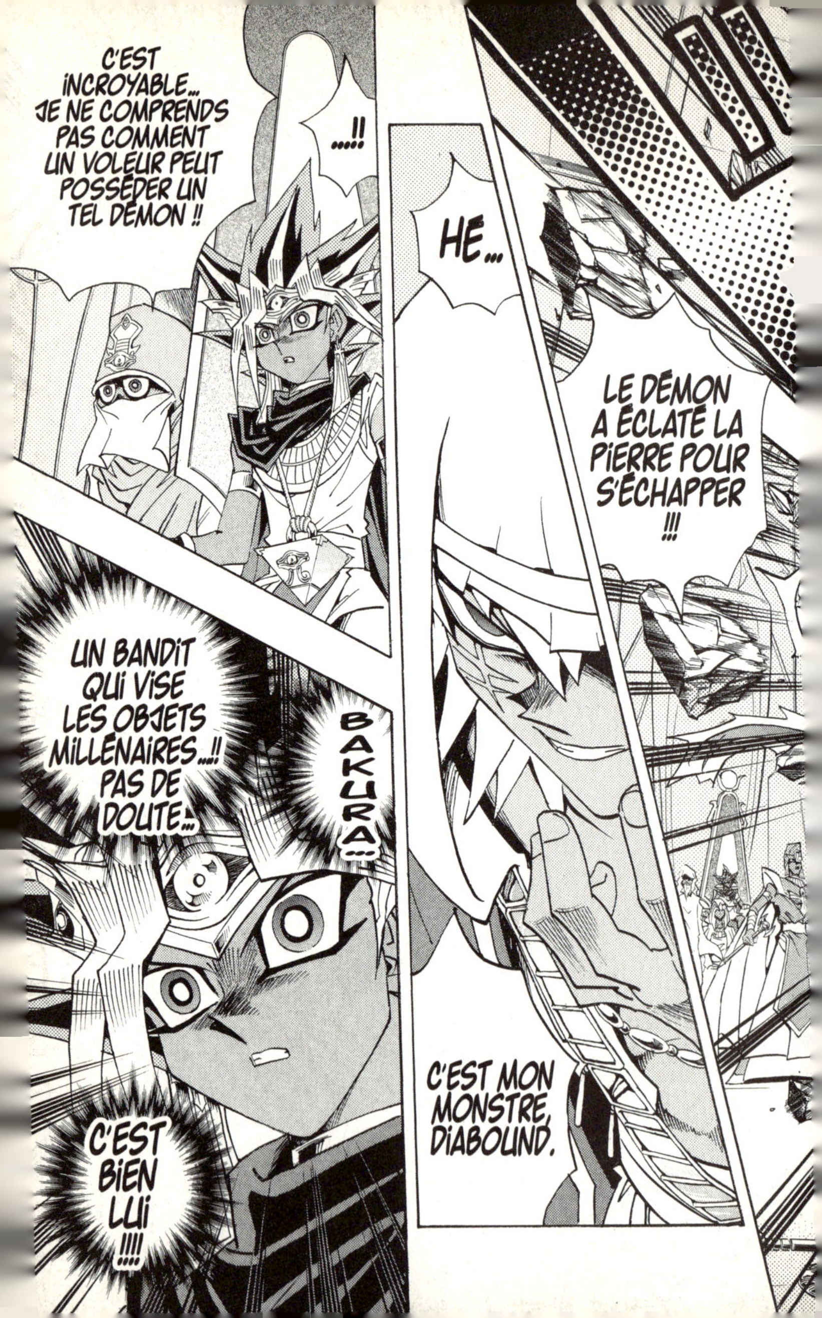
HE...
LE DÉMON A ÉCLATÉ LA PIERRE POUR S'ÉCHAPPER !!!
C'EST MON MONSTRE, DIABOUND.
C'EST INCROYABLE... JE NE COMPRENDS PAS COMMENT UN VOLEUR PEUT POSSÉDER UN TEL DÉMON !!
...!!
UN BANDIT QUI VISE LES OBJETS MILLÉNAIRES...!! PAS DE DOUTE...
BAKURA...
C'EST BIEN LUI !!!!

DONG
TU ES UN INCONSCIENT QUI NE CRAINT PAS DIEU ! TU AS OSÉ FOULER CE PALAIS...
NOUS, LES PRÊTRES, NOUS ALLONS TE MONTRER CE QU'EST NOTRE VÉRITABLE POUVOIR !
VLAF
TRÈS DRÔ-LE !!!
ALLEZ, LES PRÊTRES ! JE VOUS PRENDS TOUS !!
GRR...
PRÊTRE SETO, L'ENNEMI EST PUISSANT !!!
NOUS DEVRIONS UNIR NOS FORCES...
NON !!!
JE PRÉFÈRE M'EN OCCUPER SEUL !!

GROO
GROO GROO
GROO
GROO GROO
ZDOO ZDOO
ZDOO
HOH HOH...
LE MONSTRE QU'UTILISE LE PRÊTRE SETO VA PASSER À L'ATTAQUE !!!
LE MONSTRE QU'UTILISE LE PRÊTRE ...?!

À L'EST DE CE PALAIS, AU BOUT DE CETTE GRANDE ALLÉE, SE TROUVE LE TEMPLE DE VEJU, CELUI QUI CONTIENT LES STÈLES EN PIERRE !!!!
CELLE DE DIEU Y EST EXPOSÉE... CE LIEU CONTIENT LES PIERRES DANS LESQUELLES ONT ÉTÉ ENFERMÉS LES DÉMONS DES CRIMINELS...
ZROO
ZROO
ZROO
CEUX QUI POSSÈDENT LES OBJETS MILLÉNAIRES ONT LE DROIT D'UTILISER 3 MONSTRES DU TEMPLE DE VEJU.
!!

LE PRÊTRE INVOQUE L'UN DES MONSTRES QUI SE TROUVE DANS LES STÈLES !!
GRO
GRO
GRO
GRO
GRO
GRO
GRO
GRO
GRO
GRO
SHUBAAAA
SHUBAAAA

Vyuun
LE PALAIS VIENT D'APPELER UN MONSTRE DU TEMPLE DE VEJU !!
IL SE PASSE DES CHOSES IMPORTANTES !!
!!
VLAAASH
OH, C'EST L'ARRIVÉE D'UN KÂ (DÉMON) !!!
GRO. GRO.
À MOI, GARLES DRAGON !!!
GRO. GRO.

ZDOO
ZDOO
ZDOOO
OOO
MAIS?!
ON SE CROIRAIT DANS UN DUEL DE MAGIC AND WIZARDS...!!
SI JE ME TROUVE RÉELLEMENT EN ÉGYPTE ANTIQUE...
... C'EST UNE PREUVE QUE LES DUELLISTES EXISTENT DEPUIS L'ANTIQUITÉ !!!!
VAS-Y, PRÊTRE SETO !!

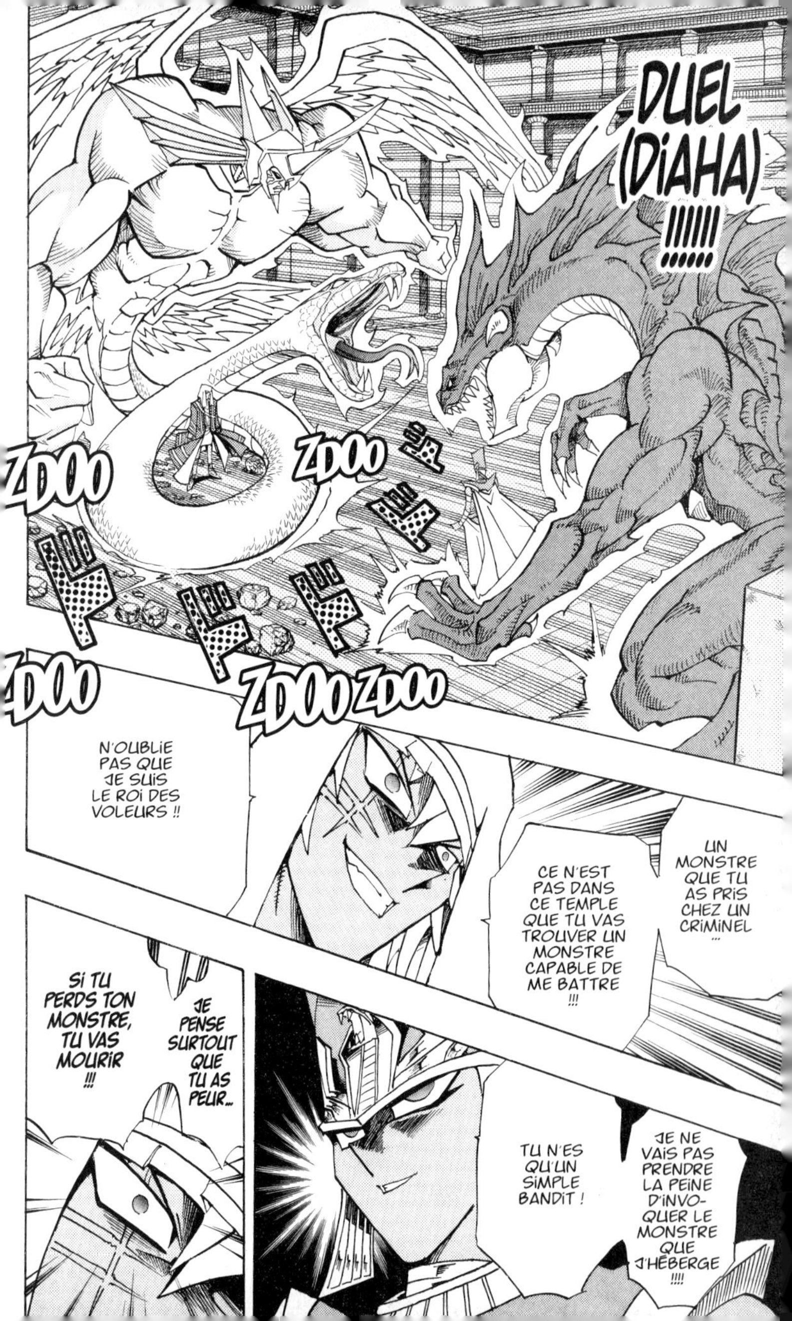
DUEL (DiAHA) !!!!!!!
ZDOO
ZDOO
ZDOO
ZDOO ZDOO
N'OUBLIE PAS QUE JE SUIS LE ROI DES VOLEURS !!
UN MONSTRE QUE TU AS PRIS CHEZ UN CRIMINEL ...
CE N'EST PAS DANS CE TEMPLE QUE TU VAS TROUVER UN MONSTRE CAPABLE DE ME BATTRE !!!
JE NE VAIS PAS PRENDRE LA PEINE D'INVO-QUER LE MONSTRE QUE J'HÉBERGE !!!!
TU N'ES QU'UN SIMPLE BANDIT !
JE PENSE SURTOUT QUE TU AS PEUR...
SI TU PERDS TON MONSTRE, TU VAS MOURIR !!!

ZDOO
FUH...
ZDOO
ZDOO
ZDOO
MISÉRABLE !! PROFITE D'ÊTRE ENCORE EN VIE POUR BAVARDER !!!!
VLAF
VAS-Y ! TU VAS LE DÉCHI-QUETER !!!!
GRAASH
!!
VLY
OUPS...

VLAASH
COMMENT...?!
FUH...
GRASH
OOH!!!
IL A CAPTURE DIABOUND !!!!
CETTE ATTAQUE TE SERA FATALE !!!

ZDOOM
ズドォォ
ÉCRASE-LE !!!
FUH...

IL A RÉUSSI ...
ZDOOOM
JE NE LE CROIS PAS...
QUOI ?!
DIABOUND A DISPARU !!!!
...?!
IL EST RETOURNÉ DANS LE CORPS DU BANDIT ?!
NON !!!
NON !!!

DIABOUND VIENT DE DÉCLENCHER UN POUVOIR SPÉCIAL...
UN POUVOIR SPÉCIAL ?!
CELUI QUI HÉBERGE UN KÂ (DÉMON) EN LUI, EST CAPABLE DE LUI ATTRIBUER DES POUVOIRS PARTICULIERS...
TU COMPRENDS ?
JE SUIS UN VOLEUR !!!
D'APRÈS TOI...? QUEL EST LE POUVOIR DONT A BESOIN UN VOLEUR POUR DÉROBER UN TRÉSOR ?
IL A BESOIN DE FRANCHIR LES MURS ET LES OBSTACLES !!!!
!!
SON KÂ SERAIT CAPABLE DE TRAVERSER LES MURS ?!
CE N'EST PAS TOUT ...
... LE DÉMON QUI A ÉTÉ INVOQUÉ À PARTIR D'UNE STÈLE...
... DISPARAÎT SI L'ON BRISE CETTE PIERRE !

SAPRISTI !!!
SETO !! TU DOIS PROTÉGER LES STÈLES !!!
!!
GROOOOOO
TROP TARD...
NON !! SON POUVOIR LUI PERMET DE SE DISSIMULER DANS LE SOL OU LA PIERRE ?!
GROo GROo
COMMENT ?
GROo
UN MONSTRE S'AFFICHE SUR LA PIERRE !!!!
GROo
GROo GROo
SCRAC
GROo GROo
GROo

HYA HAAAAAA!!!
SHUUUU
GWOOOW!!!
ZBAAM
URKS!!
CE GARS ME FATIGUE... ALORS, PHARAON, TU NE VEUX PAS M'AFFRONTER ?!

Battle 287
L'OMBRE DU PÈRE

SHUUU
PRÊTRE SETO ! GARLES DRAGON EST MORT ?!
KRUU KRUU... JE VOUS AVAIS PRÉVENUS !!!
IL ÉTAIT BIEN TROP FAIBLE POUR BATTRE MON DÉMON !!
URKS !!
CE MAUDIT...
...BANDIT...
SETO...
ALORS ?!
ALORS, PHARAON !!!
TU NE VEUX PAS TE BATTRE CONTRE MOI ?!

SI JE PERDS, JE TE DONNE MA TÊTE...
... PAR CONTRE, SI JE GAGNE, TU ME DONNERAS TA VIE ET TOUT TON OR...
... MAIS AUSSI LES OBJETS MILLÉNAIRES !!!!
POUR QUI TE PRENDS-TU ?!
TU OSES MANQUER DE RESPECT AU PHARAON !!!!
LE PARDON NE TE SERA PAS ACCORDÉ !!!!
BAKURA !!!
QUE COMPTES-TU FAIRE DES OBJETS MILLÉNAIRES ?
FUHM...

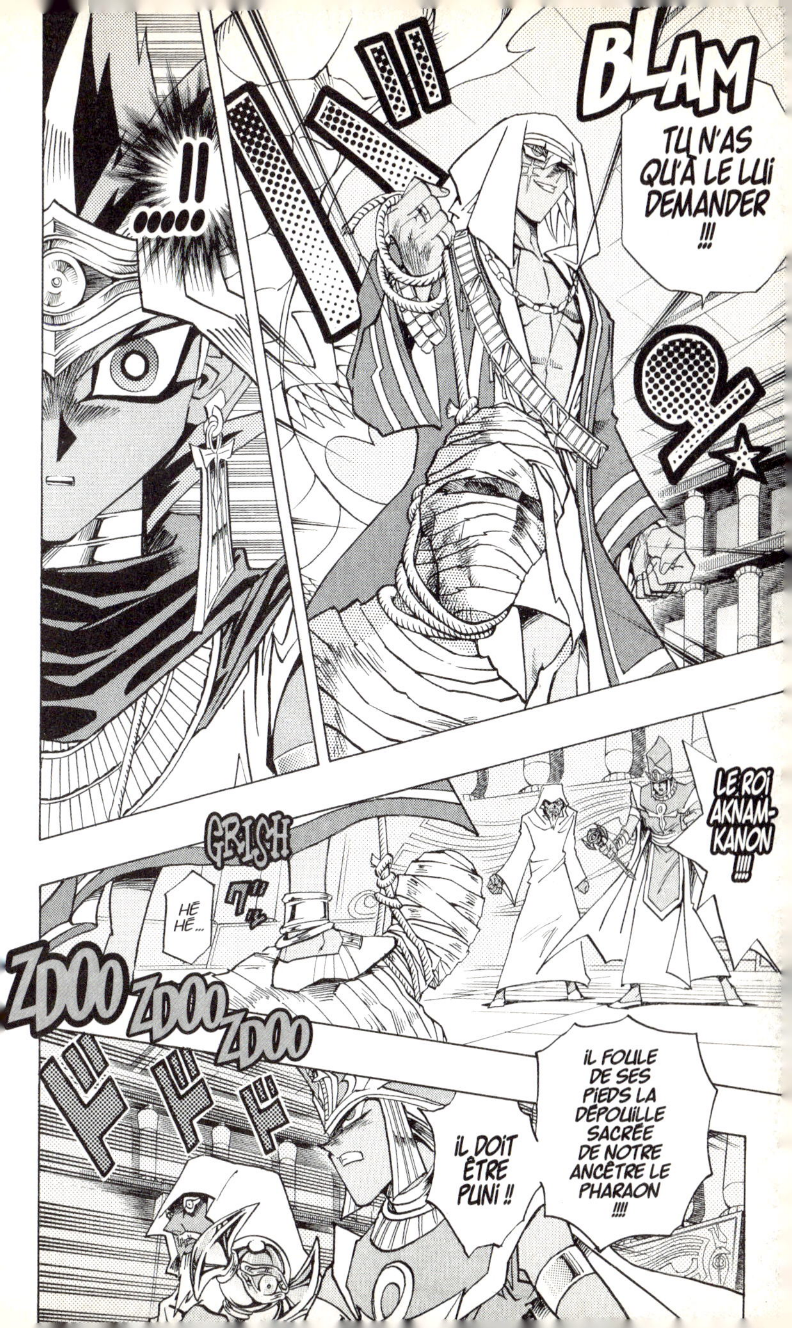
BLAM
TU N'AS QU'À LE LUI DEMANDER !!!
......!!
LE ROI AKNAM-KANON !!!!
GRISH
HÉ HÉ...
ZDOO ZDOO ZDOO
IL FOULE DE SES PIEDS LA DÉPOUILLE SACRÉE DE NOTRE ANCÊTRE LE PHARAON !!!!
IL DOIT ÊTRE PUNI !!

LE PRÉDÉCESSEUR...
SIMON...
CETTE MOMIE SERAIT CELLE DE...
...
OUI...
IL S'AGIT DE VOTRE PÈRE...!
!
MON... PÈRE ...!!
KRUU KRUU...
AKNAM-KANON... OUI...
DONG
... C'EST LUI QUI A CRÉÉ CES OBJETS MILLÉNAIRES...

IL A CRÉÉ CES OBJETS MILLÉNAIRES... !!
MON PÈRE !!!!!!
LE ROI AKNAMKANON A SERVI LE PEUPLE PENDANT QUARANTE ANS AVANT DE NOUS QUITTER...
IL A MIS FIN AUX LUTTES DE POUVOIR ET A INSTAURÉ LA PAIX DANS CE MONDE !
KERPS !!
VOTRE PAIX...
NOTRE PHARAON SOUHAITAIT UN PAYS SANS GUERRE ET A PRIÉ POUR QUE LA PAIX PERDURE PENDANT 1000 ANS.
C'EST LA RAISON POUR LAQUELLE IL A LAISSÉ DERRIÈRE LUI LES OBJETS MILLÉNAIRES !!!

OUI !!!
POUR DÉBARRASSER LA SOCIÉTÉ DE TOUS CES MALFRATS...
... À NOUS, LES PRÊTRES... ... IL A REMIS CES OBJETS SACRÉS, INSTRUMENTS AU SERVICE DE LA JUSTICE !!
HYA HAAAAA !!!
LA JUSTICE...! ARRÊTEZ AVEC ÇA !
VOUS AVEZ L'AIR D'IGNORER QUE...
... CES OBJETS CONTIENNENT DES POUVOIRS MALÉFIQUES. ILS ÉTAIENT CONSIDÉRÉS COMME DES FRUITS DÉFENDUS.
CELUI QUI RASSEMBLERA LES SEPT OBJETS POURRA PACTISER AVEC LES FANTÔMES DU ROYAUME DES OMBRES !!
ZIRUU
ABSURDE !!!
LES FANTÔMES DU ROYAUME DES OMBRES ...?
LE VILLAGE DE KUL ELNA ...
... VOUS EN AVEZ DÉJÀ ENTENDU PARLER ?
LE VILLAGE DE KUL ELNA ...!!
ZIRUU

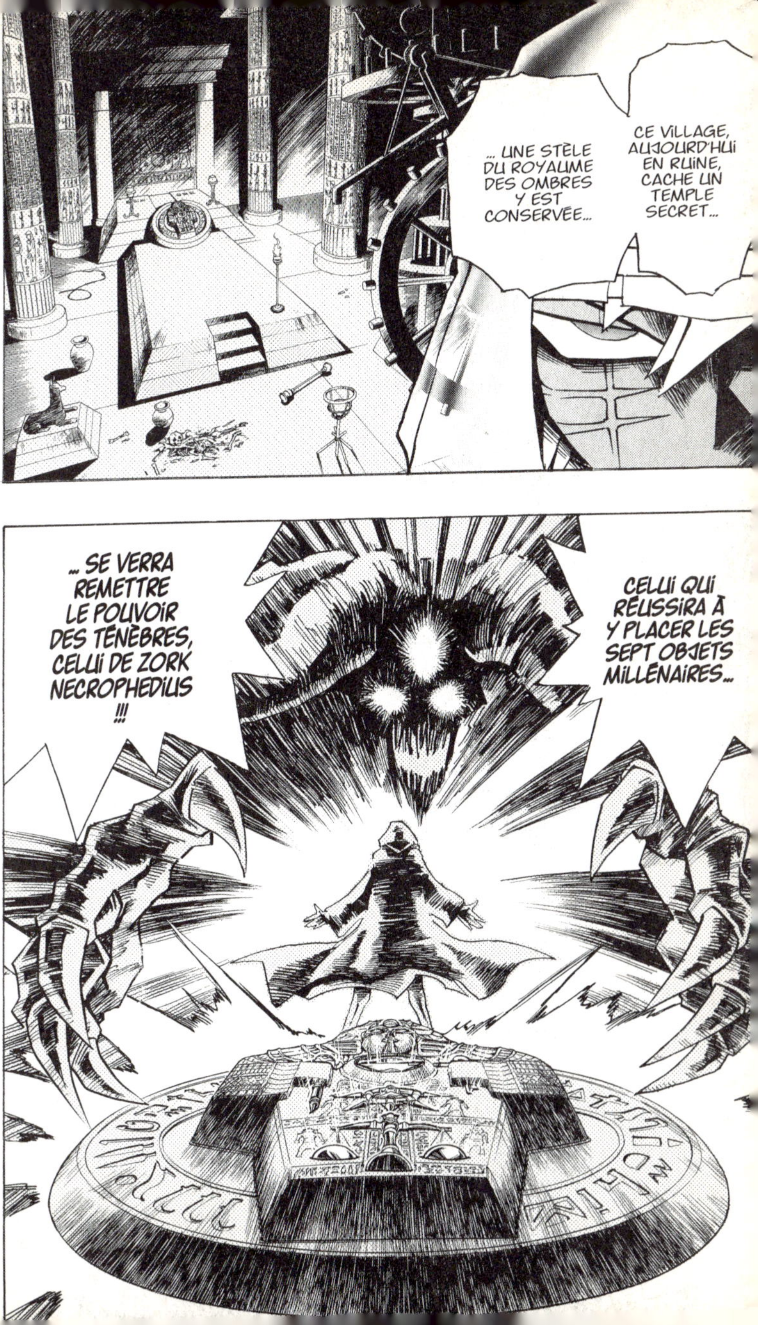
CE VILLAGE, AUJOURD'HUI EN RUINE, CACHE UN TEMPLE SECRET...
... UNE STÈLE DU ROYAUME DES OMBRES Y EST CONSERVÉE...
CELUI QUI RÉUSSIRA À Y PLACER LES SEPT OBJETS MILLÉNAIRES...
... SE VERRA REMETTRE LE POUVOIR DES TÉNÈBRES, CELUI DE ZORK NECROPHEDIUS !!!

GRR...
GROO
KRUU KRUU...
GROO
IL EST POSSIBLE QU'AKNAMKANON AIT INVENTÉ CES OBJETS POUR S'EMPARER DE CE POUVOIR MALÉFIQUE...
GROO
... DANS LE BUT, COMME MOI, DE SEMER LE CHAOS DANS CE MONDE !!!
.....!!
GROO
BAKURAAA !! LÂCHE CE CORPS TOUT DE SUITE !!
!!
ENFIN...
TU DAIGNES LEVER TES FESSES DE CE TRÔNE...
PHARAON...
VLAF

BLAM
NOUS NE POUVONS PAS ADMETTRE UN TEL AFFRONT ENVERS NOTRE PHARAON !!!!
NOUS, LES PRÊTRES, NOUS TE CONDAMNONS À LA PEINE CAPITALE !!!
!
GROO
GROO
GROO
CETTE BANDE DE PRÊTRES DE PACOTILLE !!!
VENEZ TOUS ENSEMBLE, JE VOUS ATTENDS !!
VEJU!!!
DONG
DONG
DONG

À TOI, LE KÂ QUI RÉSIDES EN MOI !!!!
LES KÂ QUI SONT DANS LES PIERRES !!!!
J'INVOQUE!!!
DOKYUUN
DOKYUUN
...!
...
PHARAON...
... J'AI SERVI PENDANT DE LONGUES ANNÉES VOTRE PRÉDÉCESSEUR AKNAMKANON... JE DOIS VOUS PARLER D'UNE CHOSE...

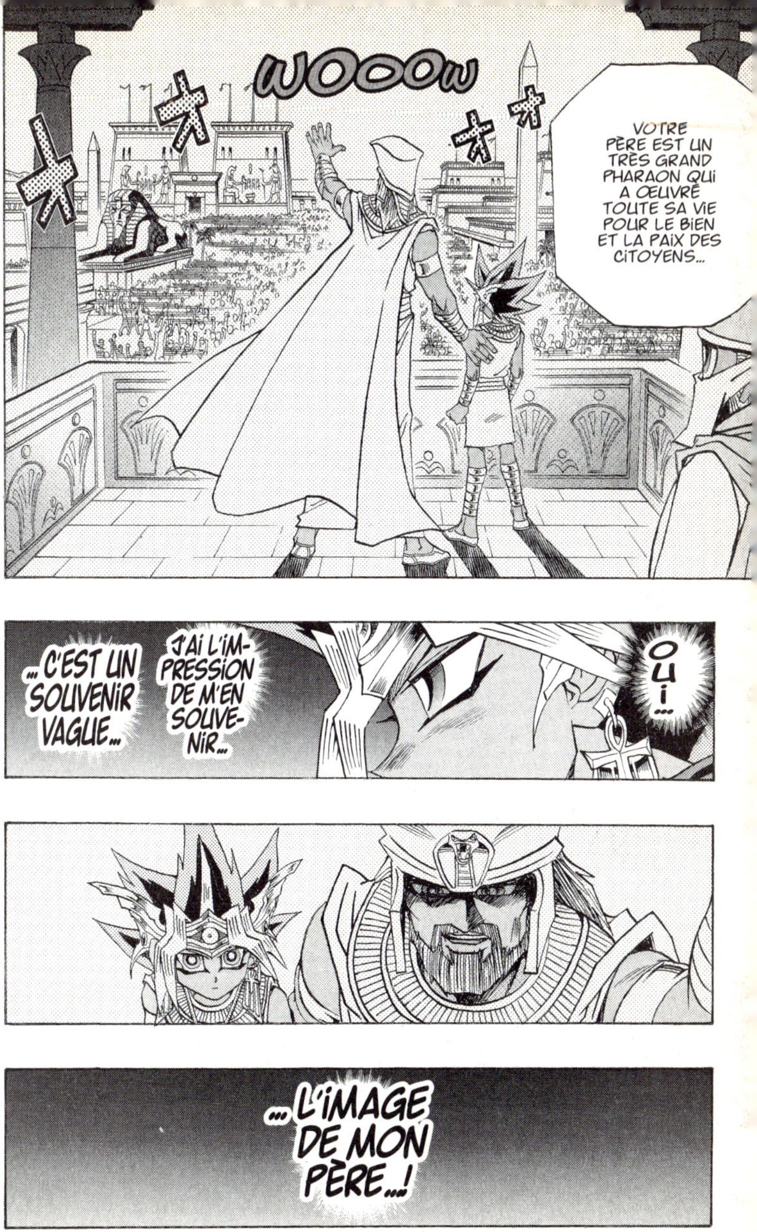
WOOOW
VOTRE PÈRE EST UN TRÈS GRAND PHARAON QUI A ŒUVRÉ TOUTE SA VIE POUR LE BIEN ET LA PAIX DES CITOYENS...
OUI...
J'AI L'IMPRESSION DE M'EN SOUVENIR...
...C'EST UN SOUVENIR VAGUE...
...L'IMAGE DE MON PÈRE...!

PHARAON...!!
DASh
C'EST DANGE-REUX !!!
LES PRÊTRES SONT SUR LE POINT D'AFFRONTER LE BANDIT !!!!
RETOURNEZ SUR VOTRE TRÔNE !!
GROO GROO
GROO
GYUN
GYUN

ドド
ZDOO
ZDOO

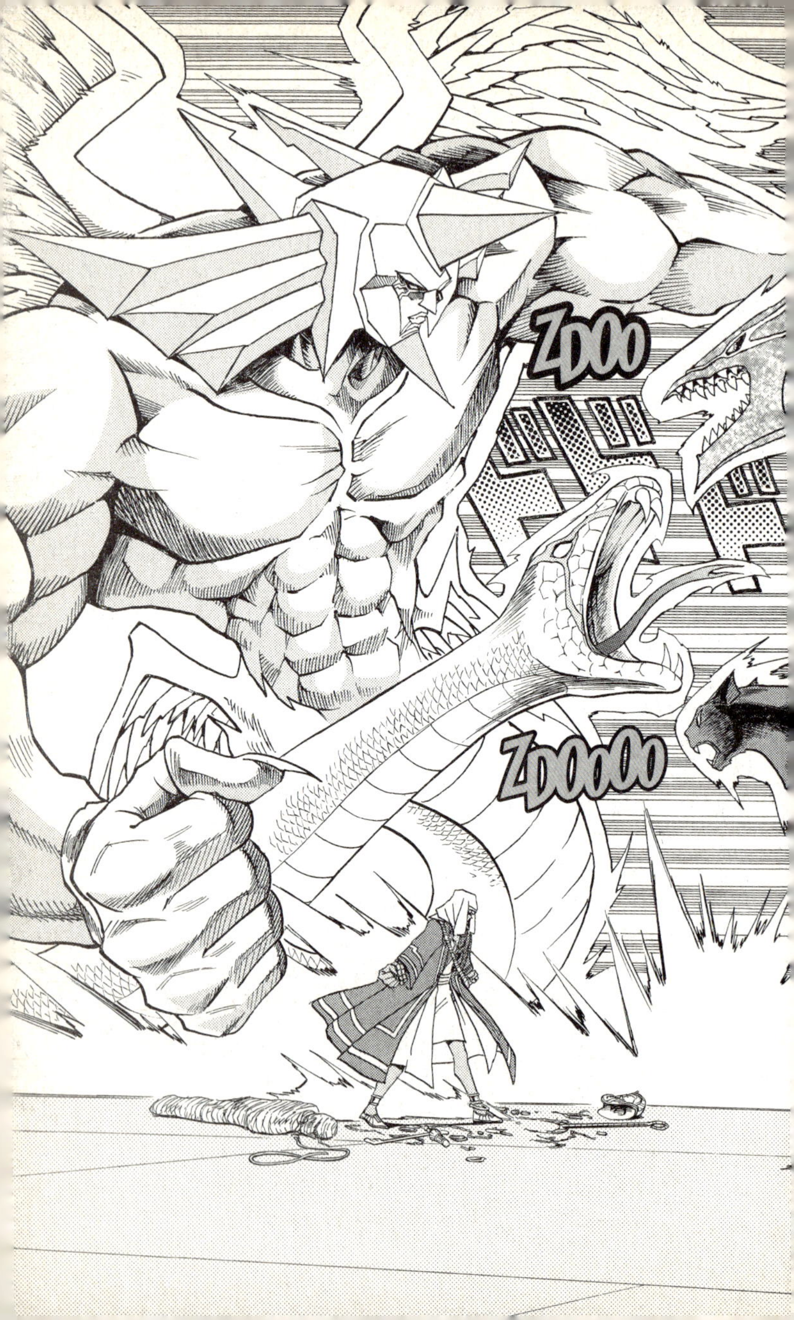
ZDOO
ZDOOOO

ZBOOOM
CRASH

BOM
HYA HA HAAAA!!!
MON DIABOUND EST INVINCIBLE !!!!
ZDOO ZDOO ZDOOO
ZDOO
QUELLE PRODIGIEUSE PUISSANCE...!
URGS...
URH...
CONTINUEZ...!
CONCENTREZ-VOUS SUR VOS ÂMES !!
POUSSE-TOI...!

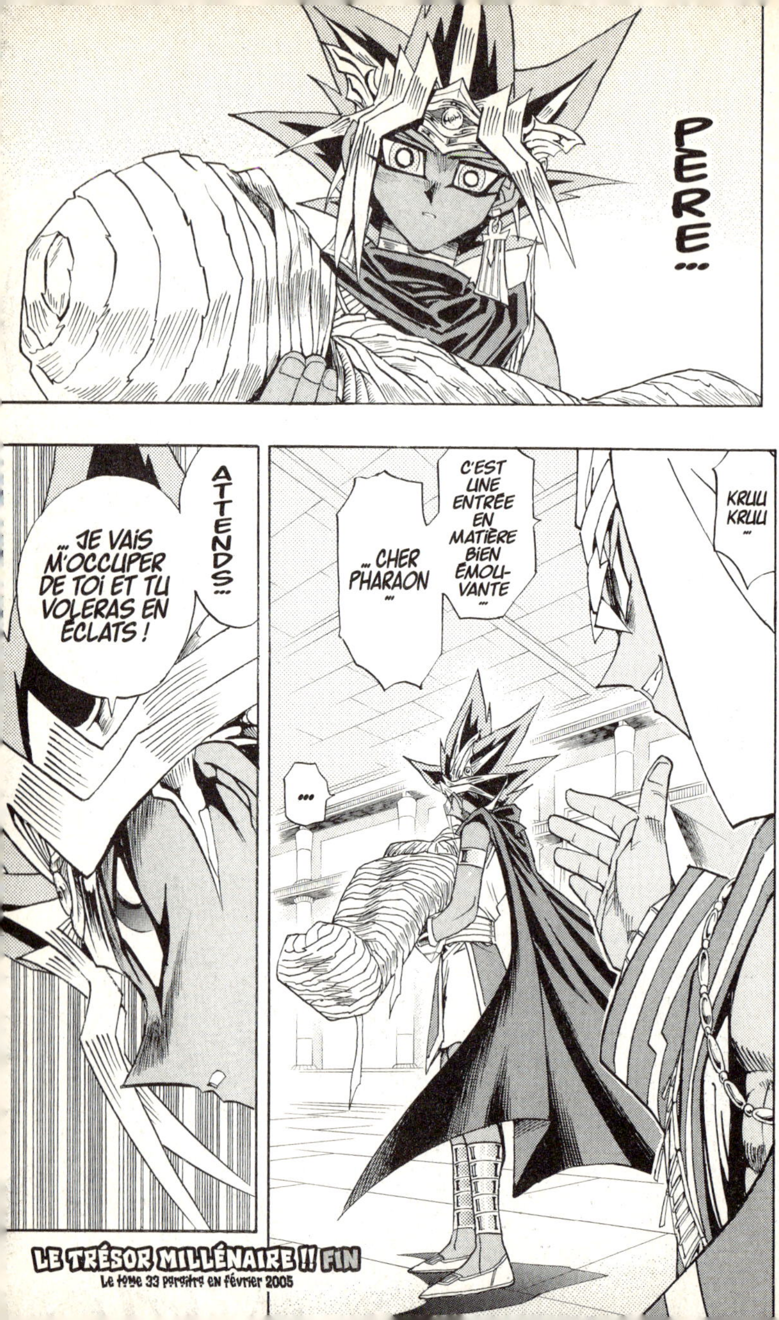

LE TRÉSOR MILLÉNAIRE !! FIN

Le tome 33 paraîtra en février 2005

La galerie des lecteurs

Maroine ZAYOUN
13 ans - Lille

Envoyez-nous vos illustrations ou planches (2 maxi SVP!) à :

KANA, 15/27 rue Moussorgski, 75018 Paris

KANA, 7 avenue Paul-Henri Spaak, 1060 Bruxelles

Attention! Les originaux ne sont pas retournés.

Prévoyez une bonne photocopie.

N'oubliez pas d'indiquer vos nom, âge et ville au dos de chaque dessin

MW01679421

YU-GI-OH!

7, avenue P-H Spaak - 1060 Bruxelles

First published in Japan in 1996 by Shueisha Inc., Tokyo
French language translation rights in France arranged by Shueisha Inc.
Première édition Japon 1996

Dépôt légal d/2004/0086/395
ISBN 2-87129-663-4

Conception graphique : Les Travaux d'Hercule
Traduit et adapté en français par Sébastien Gesell
Adaptation graphique : Eric Montésinos

Imprimé en Italie par G. Canale & C. S.p.A. - Borgaro T.se (Torino)